北京一零一中生态智慧教育丛书——课堂教学系列

丛书主编　陆云泉　熊永昌

北京一零一中

英语多维联动教学研究与实践

于元　毛筠　著

北京理工大学出版社
BEIJING INSTITUTE OF TECHNOLOGY PRESS

内 容 简 介

多维联动教学法是以发展学生核心素养为目标，根据学生的身心发展规律和认知特点，在单元整体教学设计中将"听、说、读、写、看、演"联动起来，使之成为一个相得益彰的统一体，进行教学研究和实践。

这种教学法的核心是以教材文本为基础，依据学生发展需求，先对学生进行听力、阅读理解、视频语篇的教学，并将其作为口语、写作、表演的基础；以整合性的口头表达、文段表达、表演等输出任务作为教学效果的检验，从而达到听、说、读、写、看、演的联动。多维联动教学法具体表现为主题联动、内容联动、结构联动、语言知识与文化意识联动、课内与课外联动等，促进学生核心素养的发展。同时，通过自主学习、合作学习和探究学习等方式培养学生良好的学习能力，为其终身学习奠定基础。

本书通过一线教师的教学研究与实践，探索核心素养落地课堂的操作路径与实施策略，推动一线教师教学实践的"显性化、系统化、理论化"。

版权专有　侵权必究

图书在版编目(CIP)数据

英语多维联动教学研究与实践 / 于元,毛筠著. --北京:北京理工大学出版社,2023.11
ISBN 978－7－5763－3199－8

Ⅰ.①英… Ⅱ.①于…②毛… Ⅲ.①英语课-教学研究-中学 Ⅳ.①G633.412

中国国家版本馆CIP数据核字(2023)第221536号

责任编辑：徐艳君		**文案编辑**：徐艳君	
责任校对：周瑞红		**责任印制**：李志强	

出版发行 / 北京理工大学出版社有限责任公司
社　　址 / 北京市丰台区四合庄路6号
邮　　编 / 100070
电　　话 / (010)68944439（学术售后服务热线）
网　　址 / http：//www.bitpress.com.cn
版 印 次 / 2023年11月第1版第1次印刷
印　　刷 / 廊坊市印艺阁数字科技有限公司
开　　本 / 710 mm×1000 mm　1/16
印　　张 / 12.25
字　　数 / 218千字
定　　价 / 68.00元

图书出现印装质量问题，请拨打售后服务热线，负责调换

丛书序

教育事关国计民生，是国之大计，党之大计。

北京一零一中是北京基础教育名校，备受社会的关注和青睐。自1946年建校以来，取得了丰硕的办学业绩，学校始终以培养"卓越担当人才"为己任，在党的"教育必须为社会主义现代化建设服务，为人民服务，必须与生产劳动和社会实践相结合，培养德智体美劳全面发展的社会主义建设者和接班人"的教育方针指引下，立德树人，踔厉奋发，为党和国家培养了一大批卓越担当的优秀人才。

教育事业的发展离不开教育理论的指导。时代是思想之母，实践是理论之源。新时代的教育需要教育理论创新。北京一零一中在传承历史办学思想的基础上，依据时代教育发展的需要，守正出新，走过了自己的"教育理论"扬弃、创新过程。

学校先是借鉴了前苏联教育家苏霍姆林斯基的"自我教育"思想，引导师生在认识自我、要求自我、调控自我、评价自我、发展自我的道路上学习、成长。

进入21世纪以来，随着教育事业的飞速发展，学校在继续践行"自我教育"思想的前提下，开始探索"生态·智慧"课堂，建设"治学态度严谨、教学风格朴实、课堂氛围民主、课堂追求高远"的课堂文化，赋予课堂以"生态""智慧"属性，倡导课堂教学的"生态、生活、生长、生命"观和"情感、思想、和谐、创造"性，课堂教学设计力求情景化、问题化、结构化、主题化、活动化，以实现"涵养学生生命，启迪学生智慧"的课堂教学宗旨。

2017年党的十九大召开，教育事业进入了"新时代"，北京一零一中的教育指导思想由"生态·智慧"课堂发展为"生态·智慧"教育。北京一零一人在思考，在新的历史条件下发展什么样的基础教育，怎样发展中国特色、国际一流的基础教育这个重大课题。北京一零一人在探索中进一步认识到，"生态"意味着绿色、开放、多元、差异、个性与各种关系的融洽，所以"生态教育"的本质即尊重规律、包容差异、发展个性、合和共生；"智慧"意味着点拨、唤醒、激励、启迪，所以"智慧教育"的特点是启智明慧，使人理性求真、至善求美、务实求行，获得机智、明智、理智、德智的成长。

2019年5月，随着北京一零一中教育集团成立，学校办学规模不断扩大，学校进入集团化办学阶段，对"生态·智慧"教育的思考和认识进一步升华为"生态智慧"教育。因为大家认识到，"生态"与"智慧"二者的关系不是互相割裂的，而是相互融通的，"生态智慧"意味着从科学向智慧的跃升。"生态智慧"强调从整体论立场出发，以多元和包容的态度，欣赏并接纳世间一切存在物之间的差异性、多样性和丰富性；把整个宇宙生物圈看成一个相互联系、相互依赖、相互存在、相互作用的一个生态系统，主张人与植物、动物、自然、地球、宇宙之间的整体统一；人与世界中的其他一切存在物之间不再是认识和被认识、改造和被改造、征服和被征服的实践关系，而是平等的对话、沟通、交流、审美的共生关系。"生态智慧"教育是基于生态学和生态观的智慧教育，是依托物联网、云计算、大数据、泛在网络等信息技术所打造的物联化、智能化、泛在化的教育生态智慧系统；实现生态与智慧的深度融合，实现信息技术与教育教学的深度融合，致力于教育环境、教与学、教育教学管理、教育科研、教育服务、教育评价等的生态智慧化。

学校自2019年7月第一届集团教育教学年会以来，将"生态智慧"教育赋予"面向未来"的特质，提出了"面向未来的生态智慧教育"思想。强调教育要"面向未来"培养人，要为党和国家培养"面向未来"的合格建设者和可靠接班人，要教会学生面向未来的生存技能，包括学习与创新技能、数字素养技能和职业生活技能，要将学生培养成拥有创新意识和创新能力的拔尖创新人才。

目前，"面向未来的生态智慧教育"思想已逐步贯穿了办学的各领域、各环节，基本实现了"尊重规律与因材施教的智慧统一""学生自我成长与学校智慧育人的和谐统一""关注学生共性发展与培养拔尖创新人才的科学统一""关注学生学业发展与促进教师职业成长的相长统一"。在"面向未来的生态智慧教育"思想的指导下，北京一零一中教育集团将"中国特色国际一流的基础教育名校"确定为学校的发展目标,将"面向未来的卓越担当的拔尖创新人才"作为学校的学生发展目标,将"面向未来的卓越担当的高素质专业化创新型的生态智慧型教师"明确为教师教育目标。

学校为此完善了教育集团治理的"六大中心"的矩阵式、扁平化的集团治理组织;研究制定了"五育并举"、"三全育人"、"家庭—学校—社会"协同育人、"线上线下—课上课后—校内校外"融合育人、"应试教育—素质教育—英才教育"融合发展的育人体系;构建了"金字塔式"的"生态智慧"教育课程体系;完善了"学院—书院制"的课程内容建设及实施策略建构;在教育集团内部实施"六个一体化"的"生态智慧"管理,各校区在"面向未来的生态智慧教育"思想指引下,传承自身文化,着力打造自身的办学特色,实现各美其美、美美与共。

北京一零一中教育集团着力建设了英才学院、翔宇学院、鸿儒学院和GITD学院(Global Innovation and Talent Development),在学习借鉴生态学与坚持可持续生态发展观的基础上,追求育人方式改革,开展智慧教育、智慧教学、智慧管理、智慧评价、智慧服务等实验,着力打造了智慧教研、智慧科研和智慧学研,尤其借助国家自然科学基金项目《面向大中学智慧衔接的动态学生画像和智能学业规划》和国家社会科学基金项目《基础教育集团化办学中学校内部治理体系和治理能力建设研究》的研究,加快学校的"生态智慧"校园建设,借助2019年和2021年两次的教育集团教育教学年会的召开,加深了全体教职员工对于"面向未来的生态智慧教育"思想的理解、认同、深化和践行。

目前,"面向未来的生态智慧教育"思想已深入人心,成为教育集团教职员工的共识和工作指导纲领。在教育教学管理中,自觉坚持"道法自然,各美其美"的管理理念,坚持尊重个性、尊重自然、尊重生命、尊重成长的生态、生活、生命、生长的"四生"观;在教师队伍建设中,积极践行"启智明慧,破惑证真"的治学施教原则,培养教师求知求识、求真求是、求善求美、求仁求德、求实求行的知性、理性、价值、德性、实践的"智慧"观;在拔尖创新人才培养中,立足"面向未来",培养师生能够面向未来的信息素养、核心素养、创新素养等"必备素养"和学习与创新、数字与AI运用、职业与生活等"关键能力"。

北京一零一中教育集团注重"生态智慧"校园建设,着力打造面向未来的"生态智慧"教育文化。在"面向未来的生态智慧教育"思想的引领下,各项事业蓬勃发展，育人方式深度创新，国家级新课程新教材实施示范校建设卓有成效；"双减"政策抓铁有痕，在借助"生态智慧"教育手段充分减轻师生过重"负担"的基础上，在提升课堂教学质量、高质量作业设计与管理、供给优质的课后服务等方面，充分提质增效；尊重规律、发展个性、成长思维、厚植品质、和合共生、富有卓越担当意识的"生态智慧"型人才的培养成果显著；面向未来的卓越担当型的高素质专业化创新型的"生态智慧"型教师队伍建设成绩斐然；教育集团各校区各中心的内部治理体系和治理能力建设成绩突出；学校的智慧教学，智慧作业，智慧科研，智慧评价，智慧服务意识、能力、效率空前提高。北京一零一中教育集团在"面向未来的生态智慧教育思想"的引领下正朝着"生态智慧"型学校迈进。

为了更好地总结经验、反思教训、创新发展，我们启动了"面向未来的生态智慧教育"丛书编写。丛书分为理论与实践两大部分，分别由导论、理论、实践、案例、建议五篇章构成，各部分由学校发展中心、教师发展中心、学生发展中心、课程教学中心、国际教育中心、后勤管理中心及教育集团下辖的十二个校区的相关研究理论与实践成果构成。

本套丛书的编写得益于教育集团各个校区、各个学科组、广大干部教师的共同努力，在此对各位教师的辛勤付出深表感谢。希望这套丛书所蕴含的教育教学成果能够对海淀区乃至全国的基础教育有所贡献，实现教育成果资源的共享，为中国基础教育的发展提供有益的借鉴和帮助。

中国教育学会副会长
北京一零一中教育集团总校长
中国科学院大学基础教育研究院院长

序

　　《义务教育英语课程标准（2022年版）》的颁布，凸显了新时代下课程目标、课程内容、教学实施和评价方式等方面的新理念和新要求，它所倡导的以学生为主体、以素养发展为目标、知行合一、学以致用的英语学习活动观，与我们所探索的走向核心素养的生态智慧教学的理念和要求是一致的。如何将活动观和生态智慧理念落地，关键在于教师。

　　本书作者毛筠老师，是正高级教师、北京市特级教师，深耕英语教学三十余载，曾获北京市"紫禁杯"优秀班主任、第四届全国中小学优秀外语教师、北京市农村教师研修站优秀指导教师等荣誉称号，先后被聘为北师大"全日制教育硕士学位"学科教学（英语）专业实践导师、首师大"毛筠特级教师工作室"导师、北京教育学院教师实践培训基地指导教师、北京理工大学教育硕士专业学位校外导师、海淀区名师工作站中学英语组导师、通州和丰台等骨干教师培训项目中学英语学科指导教师、教育部"国培计划"专家等。

　　长期以来毛筠老师刻苦钻研业务，多次承担国家级、市级、区级示范课和研究课，在国家级、市级刊物中发表文章和教学设计，参与多项国家级、市级课题研究，成果丰硕。她出版专著《初中英语阅读写作联动研究与实践》，译著书籍1本、译著《剑桥少儿绘图读本》13本，参与《义务教育教科书英语（精通）三年级上册》和《义务教育教科书英语（精通）六年级下册》（暂定名）送审教材中部分单元内容的编写工作。

　　在毛筠老师的课堂上，老师有激情，学生有声音，课堂有温度，教学有活力，学习有成效。2019—2022年，她主动支援海淀北部地区教育，研究学情，迎难而上，探索出了行之有效的多维联动教学法。

　　毛筠老师不断思考着教育教学的本质，认为教育的本质是"爱"，更是"责任"，不仅要关注学生的当下，更要着眼学生的未来发展。她总愿意把学生培养成有责任担当、有情怀视野、有集体凝聚力、有服务他人的意识、有克服困难的勇气、有坦然面对荣耀和失败的强大内心的人，而且这些都寓于她的教育教学之中。

毛筠老师在海淀名师研修站带的徒弟于元老师也很出色，2023年12月被评为正高级教师，2024年1月被评为北京市学科带头人。于元老师曾获得海淀区"四有"教师、优秀班主任、三八红旗手、优秀青年教师等荣誉。她参与译著1本，主持或参与省市级课题8项，主编、参编泛读教材2本，教材微课随教材发行全国，论文发表及获奖共10余篇，主编、参编6本教辅材料。近几年，她承担"国培计划"、市级讲座近20场，研究课16节，教育部一师一优课的优课2节，14节系列课程通过市教委空中课堂、歌华有线、学习强国等平台向全国播放。

读者朋友们翻开这本书，可以看到一线教师的教学研究与实践。"多维联动教学法"以发展学生核心素养为目标，根据学生的身心发展规律和认知特点，在单元整体教学设计中将"听、说、读、写、看、演"联动起来，使之成为一个相得益彰的统一体，进行教学研究和实践，培养学生的英语综合素养，为学生的终身英语学习奠基。两位一线教师钻研核心素养落地课堂的操作路径与实施策略，推动教学实践的"显性化、系统化、理论化"。

探索教育教学的有效方式，是为了加快每一个学生走向优秀的脚步；静心总结教育教学实践的规律，是为了沉淀每一次苦心追寻的尝试。严谨治学的作风，爱岗敬业的精神，无私奉献的品格，一直是我们教育工作者努力的方向。

我坚信：时光不会辜负每一个勤奋敬业的人！愿我们的学生像向日葵一样幸福地向着阳光、向着未来成长！

北京一零一中书记、校长　熊永昌

前　言

　　2003年根据当时初中英语教学的要求和现状，笔者开始探索阅读写作有机结合的读写联动教学法，其核心为：先对学生进行课内外阅读理解的教学，并将其作为写作的基础，在阅读理解的基础上，进行同步的写作教学。同时，以写作教学的结果（学生写作的文章）作为阅读理解教学效果的检验，从而达到阅读教学与写作教学的联动，促进学生英语综合能力的提高。

　　在读写联动研究和实践的基础上，笔者开展了英语多维联动的教学研究与实践，该研究与实践大致经历了五个阶段：

　　第一阶段：2003—2006年，读写联动教学法的产生。该阶段主要研究以课本为核心的读写联动教学内容重构，即以读写联动的思路重新设计教材中的教学内容，促使学生的归纳能力、读写能力得到一定的提升。

　　第二阶段：2006—2009年，读写联动教学法的完善。在第一阶段的基础上，利用报纸、图书、杂志等课外资源进行读写联动课程资源的开发与建构。例如，带领学生做好英语报刊阅读展示这件事我们坚持了近20年，并不断反思改进，显著提升了学生的读写能力与综合素养。

　　第三阶段：2009—2012年，读写联动教学法的拓展。综合前两个阶段的经验，将听说纳入读写联动教学法，以培养学生听说读写的综合能力为目标，按多维联动的思路设计英语教学活动，学生的人文素养和综合语言运用能力有了长足的进步。

　　第四阶段：2012—2018年，多维联动教学法的推进。为了更好地应对丰富多样的语篇类型给学生学习带来的挑战，此阶段的研究引入"思维导图"，并开展了以"图"促进读、促进说、促进写的研究。以思维导图为语篇学习支架，梳理语篇结构，建立语料库，引导学生学会迁移运用，运用多种策略促进学生结构化知识的建构与应用。

第五阶段：2018—2024 年，多维联动教学法的应用。以多维联动教学法的研究为核心，不断进行"以学为中心"的教学实践。课堂上挖掘语篇素材并内化，给予学生时间表达观点和看法，促进学生的思辨能力和思维品质的提升。

多维联动教学法以主题联动、内容联动、结构联动、语言知识与文化意识联动、课内与课外联动、初高中学段衔接联动等多种方法，合力促进学生核心素养的发展。在学习过程中，学生通过自主学习、合作学习和探究学习等，培养良好的学习能力，为终身学习奠定基础。

本书由五大章节组成。第一章为多维联动教学法的研究基础、产生及理论基础；第二章以案例的形式分析阐述多维联动教学法的应用；第三章探讨多维联动"听读说""读说写""读说写演""听说读写演"的课程建构；第四章为多维联动作业设计；第五章为多维联动教学法的推广，李岩、凌子宸和陈爽老师参与研究并通过实践总结出了三篇文章，一并收录本书中。

衷心地希望本书能为读者带来启发与参考。衷心地希望本书能够得到广大读者、同行专家的关注，也欢迎大家多多批评指正！

毛筠、于元

致谢

感谢北京一零一中近十年来倡导的生态智慧教育对英语学科的引领！感谢英语组刘云松老师和全体同人一直以来的关心支持和持续探索！

目 录

第一章　多维联动教学法概述　　1

　　第一节　读写联动是多维联动教学法的研究基础　　1
　　第二节　多维联动教学法的产生　　17
　　第三节　英语多维联动教学的理论基础　　20

第二章　多维联动教学法的案例研究　　27

　　第一节　多维联动教学法初中案例呈现　　27
　　第二节　多维联动教学法初中案例分析　　36
　　第三节　多维联动教学法高中案例呈现　　40
　　第四节　多维联动教学法高中案例分析　　52

第三章　多维联动课程建构　　57

　　第一节　多维联动"听读说"课程建构　　57
　　第二节　思维导图与多维联动教学法　　62
　　第三节　多维联动"读说写"课程建构——以报刊教学为例　　74
　　第四节　多维联动"读说写演"课程建构——以常春藤英语教学为例　　85
　　第五节　多维联动"听说读写演"课程建构——以《典范英语》为例　　95

第四章　多维联动作业设计　　107

　　第一节　基于自主学习能力提升的多维联动作业设计　　107
　　第二节　初中基础类作业设计　　112

第三节　高中基础类作业设计　　127
　　第四节　拓展创新类作业设计　　135

第五章　多维联动教学法的推广实践　　145

　　第一节　初中英语人教版教材以读带写有效教学设计研究　　145
　　第二节　多维联动视域下的初中英语语法教学　　151
　　第三节　多维联动视域下初中英语听说看教学　　160

参考文献　　169

附录一　基于读写联动的初中英语综合技能培养案例分析　　172

附录二　48个英语音标表（DJ音标IPA88新版）　　184

第一章 多维联动教学法概述

第一节 读写联动是多维联动教学法的研究基础

2003年,笔者的学生第一次学习人民教育出版社英语教材的时候,每个单元都有一个话题写作任务,但相关的阅读材料内容不多,满足不了这些优秀学生的阅读需求,于是在近十多年的教学实践中,笔者探究、实践并总结了阅读写作联动教学法,这也是本书的研究基础之所在。

一、初中英语阅读与写作联动教学法的内涵

《义务教育英语课程标准(2011年版)》指出,在教学中要强调学习过程,重视语言学习的实践性和应用性。现代外语教育注重语言学习的过程,强调语言学习的实践性,主张学生在语境中接触、体验和理解真实语言,并在此基础上学习和运用语言。英语教学提倡采用既强调语言学习过程又有利于提高学生学习成效的语言教学途径和方法,尽可能多地为学生创造在真实语境中运用语言的机会;鼓励学生在教师的指导下,通过体验、实践、参与、探究和合作等方式,发现语言规律,逐步掌握语言知识和技能,不断调整情感态度,形成有效的学习策略,发展自主学习能力。

"阅读与写作联动教学法"就是将初中英语教学中的阅读教学与写作教学融为一体,把语篇结构的分析、语言知识的学习和写作知识的运用以及写作技能的培养结合起来,使之成为一个相得益彰的统一体。其基本教学程序可以表述为:阅读语言材料(内容、形式)→领悟阶段,语篇分析(结构、连贯手段)→吸收阶段,语言实践(语言知识、写作技巧)→转化阶段。也就是说,借助阅读引导学生领悟和吸收语言知识,通过写作使他们完成语言的转化与输出,进而把阅读

中所学的语言知识与技能根据需要灵活运用到自己的写作中去。完成这三个阶段，有利于培养学生从宏观和微观上把握英语写作的特点和方法，进而提高写作能力。

这种教学方式具体运用到初中英语教学中，就是以阅读理解的材料内容为基础，先进行阅读理解的教学，并将其作为写作能力培养的基础，在阅读理解的基础上，马上进行同步的写作教学，同时，以写作教学的效果（学生写作的文章），检验阅读理解的教学效果，从而达到阅读教学与写作教学的联动。具体表现为阅读理解教学与写作教学的话题联动、内容联动、篇章结构联动、语言习得联动、课内与课外联动，达到提高学生英语综合运用能力的目的。

二、初中英语阅读与写作联动教学法的设计思路

《义务教育英语课程标准（2011年版）》强调在教学中要丰富课程资源，拓展英语学习渠道。语言学习需要大量的输入，丰富多样的课程资源对英语学习尤其重要。英语课程应根据教和学的需求，提供贴近学生生活、贴近时代的英语学习资源，创造性地开发和积极利用音像、广播、电视、报纸杂志、网络信息等，拓展学生学习和运用英语的渠道。"阅读与写作联动教学法"要求教师以现有教材为主，以补充的阅读资源为辅，重组阅读与写作教学的内容与途径。

2003年，笔者面对学生语言输入与语言输出之间的挑战，开始了长达十多年的阅读写作联动教学法实践，根据教材中阅读材料的不足，有意识地按照阅读理解能力的培养要求，为学生补充一些课外阅读资源和拓展训练来完成写作教学，从而实现写作话题与阅读材料的联动。

在选择补充内容的时候，既考虑学生的认知水平，又考虑到英语语言学习的特点，还要注重学生学习语言的过程，因此笔者为学生选择了侧重听说能力培养的 *Let's talk in English* 和 *Studio Classroom* 月刊，以及侧重阅读能力培养的《典范英语》、*Teens*（《二十一世纪学生英文报》）中题材丰富、体现英语国家文化的文章。从七年级开始，每个单元笔者都会为学生补充英语诗歌、励志谚语、英语歌曲、与作文话题相关的原汁原味的阅读文章及相关词语。人教版英语教材 *Go for it* 从八年级下开始，难度有所加大，具体体现在语言输入量较大、语法项目较多、词汇量较大。基于以上分析和解决问题的思路，初中英语阅读与写作联动教学法的设计思路是：根据学生实际情况，遵循学生身心发展的普遍规律，按照学生认知水平和能力，从学生实际生活经验出发，由易到难，逐级铺设台阶，合理使用教材、安排教学内容，注重学生学习英语的过程，强调学以致用，通过设置真实情境，在课堂上为学生"架起课堂与实际生活的桥梁""系起课堂与外国文化的纽带"。这个设想强调在教学过程中，必须围绕特定的交际目的和语言项目，设计出可操作性强的、任务化的教学活动，同时，还要激发学生的学习兴趣，提高

课堂学习的效率，突出学生的主体地位，使学生通过多种课堂学习方式，运用一定的学习策略，完成系统的任务链，最终达到综合运用语言的目的。

三、初中英语阅读与写作联动教学法的实践

笔者的教学实践也证明了"阅读与写作联动教学法"的生命力。一是阅读与写作互相促进，良好发展。一方面学生习作的结构好，符合英语写作习惯；另一方面，学生的阅读理解能力也同步明显提高。二是学习效率提高。区别于传统的单独的阅读课和写作课，读写联动教学可以综合考虑阅读与写作的总时间，同步实施阅读与写作练习，由原来单独教学在时间上的大串联，改为阅读与写作时间上的小串联大并联，设计读写联动教学的内容与进度，整个教学可以做到紧张而不忙乱，使得学生的学习，特别是课堂学习的效率大大提高。同时，单位时间内知识刺激强度增大，学生掌握得更加牢固。三是极大地提高了学生学习英语的兴趣。由于阅读与写作的内容是英语教学中的重点与难点，学生一旦找到了有效的学习方法，掌握的知识内容多，并克服了学习英语的畏难情绪，学习的信心就会随之大增，兴趣也大大提高。四是教学内容与进度易于控制，大小班均可实施。对于不同的班级来说，这种教学法不仅适合于小班、程度接近的学生，同样适合于大班、不同程度的学生。对于学生来说，读写联动的模式利于不同程度学生的发展，教师以课内外阅读为依托，培养学生的自主阅读和综合表达能力，使学生最终能够把英语读写联动思维嵌入自己的英语学习和终身学习之中，为学生的生命成长奠基。

在阅读与写作联动教学法的深入探索中，笔者提出以听说为基础，以阅读材料为指导，并将它们作为写作的基础，促进学生英语综合能力提升。2011年笔者有机会到英国贝尔语言学校学习，那里的Allan教授对笔者以读写联动教学法为核心设计的初中生英语技能的综合训练案例进行了深入分析，下面的报告就是这次案例分析的实录与笔者的思考。

基于读写联动的初中英语
综合技能培养案例分析

【论文摘要】根据新课标初中英语教学的要求和现状，笔者提出了围绕初中生英语技能的综合训练，主要采取以听说为基础，以阅读材料为指导，并将它们作为写作的基础，促进学生英语综合能力提高的读写联动教学法，并撰写了相应的教学案例。该教学案例的核心是：先对学生进行课内外阅读理解的教学，并将其作为写作的基础，在阅读理解的基础上，马上进行同步的写作教学，同时，以写作教学的结果（学生写作的文章）作为对阅读理解教学效果的检验，从而达

到阅读教学与写作教学的联动，促进学生英语综合能力的提高。其优点主要表现在：一是阅读与写作互相促进，同步发展；二是学习效率大大提高；三是削弱了学生英语写作的畏难情绪，提高了英语学习的兴趣；四是教学内容与进度易于控制，大小班均可实施。

【关键词】初中英语，阅读与写作联动

九年级 Unit 1 How do you study for a test？（Section B）

书名：《英语》（九年级上册）
出版社：人民教育出版社
出版日期：2005 年 6 月

古希腊生物学家、散文家普罗塔戈说过："头脑不是一个要被填满的容器，而是一个需要被点燃的火把。"怎样才能点燃自身的火把，为学生创设一个良好的、真实的表达的桥梁呢？2011 年赴英国贝尔语言学校的学习使我收获颇多，感触颇多，反思颇多！

在培训期间，我们听了英国教授对英国教育体制的介绍，我们走进了课堂与英国的老师、学生零距离交流；我们认真学习了 Allan 老师所教的许多生动活泼的英语教学方法。《新概念英语》的作者认为："Nothing should be spoken before it has been heard. Nothing should be read before it had been spoken. Nothing should be written before it has been read.（不说没有听过的话，不读没有说过的语言，不写没有读过的语言。）"① 围绕初中生英语技能的综合训练，我主要以听说为基础，以阅读材料为指导，并将它们作为写作的基础，促进学生英语综合能力的提高。此次英语培训令我最有感触的是 Allan 教授对我以读写联动教学法为核心设计的初中生英语技能的综合训练案例分析，使我对读写联动教学法有了进一步的认识，为进一步改进完善方法明确了方向。

一、文献综述

从检索和查阅的资料看，以阅读、写作、口语和听力为基础的各种技能训练的理论文章和专著较多，但符合中国初中生特点的技能综合训练的研究极少。在百度上用"初中英语技能综合训练"作关键词进行查找，没有相匹配的结果，

---

① L. G. ALEXANDER，HE QIXIN. 朗文外研社新概念英语（新版）（1）[M]. 北京：外语教学与研究出版社，1997：ii.

用"英语技能综合训练"查找，只有大学以上的英语教学中有匹配结果。按照我设计的基于读写联动的初中生英语技能综合训练方法，在 Google 和百度上用"初中英语阅读与写作联动教学"作关键词进行精确检索，除我的相关文章外，没有相匹配的结果。在中国知网（www.cnki.net）中国知识资源总库中进行检索，我共选择了 7 个数据库进行相关检索，包括中国期刊全文数据库、中国博士学位论文全文数据库、中国优秀硕士学位论文全文数据库、中国基础教育重要报纸全文数据库、中国基础教育重要会议论文全文数据库、中国基础教育期刊全文数据库、中国基础教育优秀博硕士学位论文全文数据库，用"阅读与写作教学联动"作检索词进行模糊查询，结果没有一个检索记录；再用"英语阅读与写作教学"进行模糊检索，共出现 35 条查询结果，其中去除重复与无关的文章，检索结果共 19 篇，包括硕士研究生论文 2 篇，教学案例一个。分析上述文章与网上相近的论文，可以将它们分为两个大类：一是以论述英语阅读与写作教学的关系为主，二是以大学英语阅读与写作联动教学的组织与实施研究为主。另外在网上检索到北京大学出版社出版的《美国移民——国家地理英语阅读与写作训练丛书（中文版）》，在介绍丛书时，编者特别提到了该丛书采用了"关键概念＋递进阅读＋任务型写作"的编排体例，并且认为这种编排体例能够帮助学生从培养语感和思维方式开始，在阅读过程中自然习得英语写作的规律和特点，从根本上提高学生的综合语言应用能力。

二、基于读写联动的初中生英语技能综合训练方法构想

传统的英语阅读课通常把重点单纯地放在单词、句型结构和语法等基本知识目标上，认为学生有了基本的语法和词汇就可以形成阅读能力。但在使用人教版英语教材后，面对新教材中的阅读材料，许多老师突然发现原有的教学方法和经验不起作用了；而学生更是被动应付，课堂上无声无息，毫无学习语言的激情与互动。而在平时的练习中，学生面对阅读理解题也都以押宝为主，阅读理解的得分率相当低。写作一直是我国英语教学中最薄弱的环节，写作教学在外语整体教学中严重滞后，以致形成了"听到写作学生心烦，见到习作教师头痛"的现象。

我自 2003 年 9 月以来，根据新课标初中英语教学的要求和现状，一直在探索一种将阅读与写作有机结合起来的读写联动英语技能综合训练方法。这种教学方法的核心是先对学生进行阅读理解的教学，并将其作为写作的基础，在阅读理解的基础上，马上进行同步的写作教学，同时，以写作教学的结果（学生写作的文章）作为对阅读理解教学效果的检验，从而达到阅读教学与写作教学的联动，促进学生英语综合能力的提高。

基于读写联动的技能综合训练方法，主要依据多元智能理论、建构主义、过

程写作和人本主义等理论。其中人本主义强调发挥学生主观能动性的快乐学习；建构主义强调学生在学习中的主体地位；多元智能理论强调尊重学习者的个体差异和充分利用优势智能的迁移，特别是将阅读理解中的成果直接迁移到写作教学中，作为写作的基础，从而大大地提高了写作教学的起点水平；过程写作强调写作学习应当成为一种有意图、有意义的学习活动，强调写作学习是一个渐进的过程，侧重点应在注重篇章结构、语法、词汇的同时，加强对写作内容及写作过程的关注。相对大学的阅读与写作联动教学而言，初中阶段必须考虑学生智能的发展特征，因此尊重学生学习的主体地位，诱导学生多项智能的发展，引导学生优势智能的迁移，是高效完成阅读与写作联动技能综合训练方法的前提和根本目的。

教授分析：教授肯定了我所实践的读写联动技能综合训练方法，该模式符合初中学生学习语言的规律，即语言的输出要依赖于一定的语言输入。阅读的输入，为学生写作的输出提供了思路和样例，使学生的写作有章可依。

根据上述构想，按照课堂教学学生能力生成过程中信息传递的特点，技能综合训练方法的课堂教学框架如图 1-1 所示。

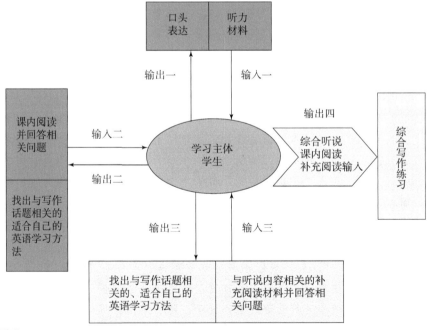

说明：
输入一与输出一、输入二与输出二为传统教学过程；输入三与输出三、输出四为读写联动后增加的教学过程。从学习信息过程分析，增加了 2 个，同时信息输入与输出的强度大大增强

图 1-1 技能综合训练方法的课堂教学框架

教授分析：本节课流程图的设计在一定程度上体现了以学生为主体的设计思路。教师关注学生的情感需求、认知需求以及社会文化发展需求；教师具有良好的课堂管理能力和资源利用能力。但是教师在采用多种教学策略、启发、激励方面还略有不足；教师关注学生个体差异不够。

教授认为以学生为主体的英语课堂教学特点：①学生成为积极主动的学习者；②学生发展学习动机和积极情感；③学生在体验、感知、参与、实践中，发展语言意识及语言运用能力学生发展想象、思维与创新能力；④学生逐步发展元认知能力；⑤学生发展社会及人际交往能力；⑥学生综合语言运用能力得到发展。

我的反思：以学生为主体的课堂中教师的作用：①教师是积极的倾听者；②教师与学生交流学习的目标和达标的要求；③教师提供学生用英语做事情的机会；④教师允许学生出错，适时帮助修正；⑤教师与学生交流情感；⑥教师给学生提供真实的交流的机会；⑦教师创造机会让学生反思和评价自己的学习；⑧教师给予学生选择的机会；⑨教师提供师生、生生互动的机会；⑩教学渗透与其他学科知识的联系。

三、"How do you study for a test？—Section B"案例分析实录

本节课的学习内容是人教版《英语》九年级第一单元"How do you study for a test？—Section B"。本单元分为 Section A 和 Section B 两部分。Section A 部分是基本的语言内容，Section B 部分是知识的扩展和综合的语言运用。每个单元还附有学生用来自我检测本单元所学语言知识的 Self Check 部分。

本单元（Section A）的主要内容是谈论英语学习方法，涉及了学生较为熟悉的自己学习英语的经历。例如学生在七年级上册（Unit 12 Which subject do you like best?）学过喜欢哪个科目及理由。而本课时 Section B 2a，2b，3a 主要谈论学生学习英语的困难和为他人提出学习英语的建议。有关谈论困难和问题、提建议方面的句型在八年级上册（Unit 2 What's the matter?）和八年级下册（Unit 2 What should I do?）中学过一部分。

本课时学生学习和掌握的重点：学生能够用所学目标语言谈论学习英语的困难和为他人提出学好英语的建议。

教学难点主要体现为：学生运用所学目标语言，以口头和笔头的形式，针对实际情况，表达学习英语的困难并为他人提供学好英语的建议。

我的认识：英语新课程标准在教材使用建议的第 1 条建议中指出，"教师可以根据需要对教材进行适当补充，以使教材的内容更加符合学生的需求和贴近学生的实际生活。在对教材进行补充的同时，教师可以根据实际情况对教材进行取

舍。在进行补充和取舍时，不应该影响教材的完整和系统性。"从本节课的教材分析中可以看到，我对教材的分析没有停留在本单元、本节课的分析上，而是对教材进行了横向和纵向的分析，例如在本单元学习之前，七年级和八年级学生都已经学习了哪些与本单元话题相关的知识。基于这一点的分析，确定本单元、本节课的教学内容，再根据学生情况对教材资源进行一定的调整和补充，达到了学习内容的有效滚动和衔接。教材内容的取舍、补充是基于学生实际进行的，因此，很大程度上加强了课堂教学的针对性。

（一）教学目标分析

1. 语言知识

学习表达谈论自己在学习英语上的问题以及提供建议的句型。

Showing Problems：
I have trouble learning English.
I forget a lot of new words.
I don't understand what people are saying.
I can't get the pronunciation right.
I don't get much writing practice.

Giving Advice：
Listening can help.
Why don't you borrow the tapes?
You can listen to them and repeat...
Why don't you join an English club?
Maybe you should find a pen pal.

2. 能力目标

学生能够运用本单元学习的目标语听懂、读懂有关他人在学习英语上的问题及其解决办法。

在小组活动中，学生能够运用所学功能句口头、笔头表达自己在英语学习上的困难，以及为他人提供解决问题的建议。

为了达到在本节课学生能够准确地用所学的语言知识，口头笔头谈论他们英语学习中的问题，并能给予他人一些学习方法的建议这一教学终极目标，本节课采用听和读（语言输入）的方式巩固目标语，同时为学生谈论学习困难和提供建议以及给他人回信提建议的语言输出进行了铺垫。

教授分析：语言学习内容的确定具体明确，亮点之处是语言学习与能力目标的有机结合，语言知识学习的目标是在听、说、读、写运用中达成的。

我的反思：语言学习过程不是机械学习和记忆语法与词汇知识的过程，而是学生体验、感悟、参与、实践和运用语言进行交流的过程；是在原有知识和经验的基础上，通过师生及生生互动建构新的意义的过程；是对信息进行提取、加工和整理的过程，是分析问题、解决问题的过程，同时也是认知与思维发展的过程；是逐步发展自主学习能力的过程，是通过观察、体验、尝试、评价和反思，认识学习、学会学习的过程。本节课所设定的教学目标不仅有具体的知识目标，还有很具体的语言能力目标，有操作性。

（二）学习准备分析

1. 学生准备

本单元（Section A）是谈论英语学习方法，学生通过 Section A 的学习，已经了解了如何表达自己学习英语的方法。

2. 教师准备

在学习了八年级下册（Unit 2 What should I do？）后，我就将九年级上册的本课内容调整到八年级下学期来学。本单元正是把以上学过的句型融入新的话题中，并补充新的有关提建议的句型和表示学习方法的词汇、短语，从而进一步达到将所学英语运用到实际生活之中，探讨学习英语过程中的困难和改进措施。

本节课我将阅读文章 3a 的结尾去掉，让学生通过阅读，根据作者的实际，把握作者的态度，写一个结尾，这样既能训练阅读技能，又能为写作做准备，使学生能写出篇章结构清晰、结尾好、主题突出的文章。

教学工具：根据教案自制了 PPT 课件；录音机、电视；学案。

教授分析：本节课教材的使用能够根据学生实际进行适当的整合，加强了课堂教学的针对性。

（三）教学过程与研究

1. Lead in

（1）Flash 导入：本课前 2 分钟，我为学生准备了一首和英语学习方法相关的歌曲 You and me，这首歌简洁易学，既能引起学生极大的兴趣，又便于学生迅速地进入英语学习的氛围；既活跃了气氛，也为整个课堂教学的师生互动奠定了基础。

教授分析：教授认为本环节应该取消以便于节约时间。

我的理解：就这一点而言，我当时在英国不同意教授的意见，我认为好的课堂开篇短小精悍，既能达到吸引学生的注意力，引发学生兴趣的目的，也能巧妙地引出本节课的主题。也许母语国家的学生不需要这样的引入。

我的反思：回国后写这篇文章时我又有了新的认识。这首歌放在本节课的开始不是娱乐活动，而是一个类似于"任务型听力"的必要环节。如果本环节以此为目标，那么我应该可以把歌曲引入这个环节做得更好。我可以让学生带着问题来听这首歌，为进一步学习做好准备，如：What will you learn in You and Me show？

（2）Brainstorming 提出英语学习上的困难，引入新知识。

> 课堂实录节选：
>
> T: From the flash we can see that learning English can be fun. However it also can be difficult. What things are difficult for you?
>
> S (together): Words, sentences, grammar, spelling, pronunciation, listening, writing, reading.

此活动达到了预期的目标。学生谈到的英语学习上的困难为本节课的深入学习做好了铺垫。同时，此步骤也起到了引出新知识的作用。

教授分析：教授认为这一环节可以改为让每一个学生写出他们各自的英语学习方面的困难，以便使每一个学生都能投入学习的过程之中。

我的反思：我认为教授提的建议非常好！以前，我总是把写的任务放到每节课的最后一刻，从未想过放在第一个环节；此外，这样设计可以最大限度地让每一个学生都能参与到教学活动之中。

2. Listening 2a, 2b

（1）预听：先看题后听音，引导学生在做听力题目前，先描述听力练习中的插图和题干，以便大概掌握题目内容，缩小听力范围，为听做准备。这是听力学习中的预听技巧。

（2）听中活动：引导学生边听边记，既关注细节，又要把握文章的大意，练习运用抓关键词找主旨大意的方法。采用两人一组的形式对答案，这样既对了答案，又进行了目标语言的机械训练。

（3）听后提高：让学生听后跟读课本录音带，模仿语音语调，这样就可以充分利用听力资源，而且为下一步的口语交流做准备。听后让学生找出并谈论在学习英语上的困难以及提建议的句型。这一过程是为了让学生体验如何找出关键句型。

教授分析：听力活动的设计渗透了听力技巧的训练，例如听前的预测、边听边记的技能。听后让学生提炼出功能句，及时引出了本节课的重点内容。精彩之处是让学生通过听的感悟去归纳、发现功能句，而不是由教师直接呈现。

3. Oral Practice

（1）让一名学生根据目标语言谈论自己在学习英语上的困难，其他同学为他提一些建设性的建议。这既是一个范例，也是为下一步 Pair work 做准备。

（2）学生两人一组操练所学句型。

（3）让学生表演对话，其他同学边听边学习。

课堂实录节选：学生对话展示

T: Now you are asked to do it with your partner. One student shows the problems in learning English and the other gives advice. OK?

Here is an example, try to use some sentence structures we learned in this class:

"I can't/find it hard to... Have you considered doing... ?"

Now do it with your partner.

OK. Now stop here. Zhang Lingyu, please do it.

（第一组）

S1: I heard that you had some problems in English learning these days.

S2: To be honest, I find it hard to make my writing passages well organized. What can I do?

S1: I think you should ask the teacher for help and also buy a composition book. It may be helpful to you.

S2: I hope it will help me much. And what about you?

S1: My problem is that I'm weak in listening. What can I do?

S2: Well, I think you'd better buy the teacher's tapes and listening to English songs also helps you well.

T: OK, thank you. She said: "I'm weak in..." It is a very good phrase to show our problems in learning English. Now, Wang Hao, please.

（第二组）

S3: I don't understand what people are saying.

S4: I suggest you buy some English language tapes and some of them are about some famous stories. And you can listen to them at home.

S3: I think it is really helpful to me. What about you?

S4: I find it hard to speak fluently.

S3: You know we have a foreign teacher. So you can make conversations with him.

S4: Well, that sounds like a good idea.

我的实录分析：教师在此活动中共请六组学生展示。其中三组学生能够自如地运用所学的目标语言表达学习英语的困难并提出有针对性的建议，在小组对话中，这三组同学还能够运用一些学过的拓展知识。两组学生能够运用目标语言完成任务,但建议的有效性略显不足,仍需继续学习相关的英语学习方法和如何提高等内容。因此,我下一步为学生设计了一些课内阅读和拓展阅读。

教授分析: 听后及时安排口头表达的练习,有利于功能句的巩固。并且学生有前面听的输入和跟读的操练,减轻了说的困难。此处的听说环节衔接自然、有效。

我的认识: 我觉得英国教授讲评得很好。同时,他让我把在英国学到的操练口语的方法归纳如下,并建议我可以适当运用于自己的教学实践中。

The ways of practicing speaking:

Answer the questions before reading – warming.

Summarize the reading materials.

Telling stories.

Voice the opinions.

Running dictation.

Repeat after the teacher. (drilling)

PMI (Plus, Minus, Interesting)

Mirror game (class observation)

Think and talk about you can steal from...

Think what you learned yesterday (feedback).

Back to the board game.

Run to the board and then point to the words.

4. Reading 3a

在阅读与写作联动教学模式中,我采用"先见森林后见木"的方法,从语言、内容、材料的整体着手,逐层展开,加强语篇水平上的阅读教学,读的目的是为写做准备。

阅读活动 1. 让学生快速阅读找出本文的主旨大意。学生可以根据标题找出主旨,也可以通过文章主题句把握文章的主旨大意。

在此活动中,大部分学生能够充分利用标题和主题句总结出本文的主旨大意;但一些学生在表达上还有些语法错误。但是在读写联动意义上,此活动可以帮助学生对自己即将写的提建议作文中的主题句有所感悟。

阅读活动 2. 让学生边读边找出本文的细节——作者谈论去年在学习英语上的困难以及逐步改进的措施,并将这些细节归类。

该环节的阅读处理为学生在已有的听力输入基础上,进行了更丰富的语言素材的输入,例如在听后的单句表达学习困难的基础上,扩展为段落的连贯表达(first..., also...),同时还学习了如何解决问题的表达,使教学环节递进、连贯和紧凑，并且增加了课堂密度。

阅读活动 3. 本节课我将阅读文章 3a 的结尾去掉，让学生通过阅读，根据作者的实际，把握作者的态度，写一个结尾，并让学生谈谈应该向作者学习哪些方面，旨在培养学生的归纳和推断能力。

教授分析：从文章主旨的设问到文章中间具体细节的讨论及文章结尾的推断，教师不拘泥于书中阅读题的设置，而是对阅读整体理解和把握，为下一步的写作奠定基础。该环节设计的可贵之处是教师对教材提供的阅读材料进行了重新处理，将结尾去掉，让学生续写，加大难度的处理符合班级程度比较好的学生特点。

我请七名学生展示了续写的结尾，学生基本上能够把握作者的态度并依据作者的写作目的来续写结尾。学生续写的结尾分为两类：一类比较平铺直叙；另一类是我比较喜欢的带有格言、谚语的结尾，这使文章的结尾更有力度、更令人震撼、并激励读者奋进。同时，此活动也帮助学生思考自己的习作应该运用怎样的结尾以表达自己不断奋发向上的情怀！

我的认识：续写文章结尾的活动具有一定的挑战性和开放性，为学生提供了自由发挥的机会。该环节的设计有助于学生发散思维的训练和大胆创新精神的培养。但是，该环节的设计对教师提出了比较大的挑战，因为学生的答案具有开放性，教师要能够及时进行引导。

在此活动中，我请四名学生谈谈从作者的学习经历中获得哪些体会，只有第二位学生的感受较深刻，其他几名学生的回答比较单一，与续写结尾有些重复。但我认为这是让学生体会评读的好机会，可是至今也没想好应该怎样引导学生作出更深层次的感悟。

5. Additional Reading

这篇补充阅读摘自《空中英语教室》，我为学生设计了一些任务型的题目。

（1）让学生通过阅读找出文章作者的写作目的。

（2）让学生通过阅读找出文章中具体的学习英语的方法，并让学生谈谈他们对哪条建议最感兴趣。

（3）让学生画出他们喜欢的能用于自己作文中的好句子。

这个环节旨在扩大学生的视野，同时要求学生能根据自己学习英语的情况来谈谈自己对文中所涉及的学习方法的感受，提高运用语言解决实际问题的能力，并进一步地提高写作水平，为书写绚丽的人生奠定坚实的基础。

但是此活动在操作过程中，由于时间关系没有让学生充分地表达自己的看法。现在想来，我应该在设问上有所取舍。根据学情，前两个问题可以舍弃，这样就会有更多的时间来探讨如何学以致用，将课堂所学阅读文章中的观点与自己学习英语的现状联系起来，更好地达到本节课的目标。

6. Writing Task

让学生给校报上一封关于学习困惑的学生来信写一封回信，旨在为学生创设真实的语境，让学生运用所学目标语言解决实际问题。

教授分析：本环节可以改为让学生互相交换一开始写的英语学习方面的困难，用英语给予他人如何提高的建议。本环节可以让学生多次交换，让不同的学生提建议。这样的写作任务源于生活，用于生活！

我的认识：我认为教授的想法很好！

7. Homework

课堂学习是远远不够的，我的目标是让学生在学完本课后，心潮澎湃，充满学习的动力和信心，继续学习英语，探究英语学习方法，共享英语学习方法。那么如何才能实现这一目标呢？我让学生编一份英语学习小报，贴在校园里，让其他同学看了他们的小报之后，加入运用适合自己的学习方法学习英语的行列中，最终实现本课的目标。

四、英国教授案例分析对我的几点启示

（一）树立以能力为中心的教学理念

英语教学的最终目的是能够运用英语进行思维与交流，因此所有的教学理念都应当突出这一目的，培训时英国专家强调最多的也是这一点。同时，语言学习是一个从易到难循序渐进的过程，在这一过程中，任何语言学习方法都可以提高学生的听说读写能力，这些也是读写联动技能综合训练方法所体现的教学理念。

（二）倡导以学生为中心的自主学习

语言学习是通过各种活动达成的，不是教会的，用英语专家的话说就是："Tell me, I forget. Show me, I remember. Involve me, I understand."为此，必须做到以下三点：一是教学活动的目标要明确，即在设计活动教学时，目标必须以提高学生的技能为目标，而不能为活动而活动。二是教学中注重挖掘学生的潜能，引导学生走上自主学习之路。三是教师的自身发展也相当重要。教师不仅要有知识，还要有教知识的知识；不仅要会教，还要讲究教的艺术性。专业化发展学习不是暂时的，而是终身学习。

（三）建立以效果为核心的评价方法

英国专家对案例进行点评后，专门建议增加教学效果评价这一环节。对此我根据读写联动技能综合训练方法的需要，准备采取以下几种方式进行评价：

1. 学生互评

学生相互批改，或以小组的形式分组讨论、批改，当堂选出各小组的典型样例，进行分析讲评：好，好在哪儿？不足，应如何加以改进？这种反馈方式的优点是：

（1）由于这种反馈是面对面的，学生能及时表达出自己在文章中所需要表达的意义，而且教师可以当面向学生指出文章中的问题。

（2）这种反馈清晰明了，使学生在收到反馈信息后有充分的余地对作文进行修改和充实。

（3）学生在这一过程中得到的一条更重要的反馈是，他们现存的问题在于意义的表达，而并非表达意义本身（我们以往的做法与此恰恰相反）。

2. 批改学生作文

我认为每篇作文都要进行批改，由此教师可以及时得到有关读写训练效果的反馈信息，了解学生对阅读材料中各个方面的消化、吸收程度。同时，教师可以根据学生作业中暴露出的问题，如错误的单词、语法现象等，及时调整教学方法，制定出进一步教学的工作重点。在批改过程中，教师还必须在每篇文章中找出精彩之处，使学生每天都能够受到表扬。对于程度较差的学生的作文，更是要认真批改。教师还要注意收集、整理学生作文中的经典语句和学生范文，为课堂讲评准备材料。这样的作业评价活动能不断向学生提供反馈，让学生在进一步的学习中更具针对性，有的放矢，从而使读写同步训练的教学方式发挥出更大效应。

3. 课堂讲评

课堂讲评是以表扬激励为主的，同学之间互相学习、共同进步的过程。在课堂写作教学中，我及时收集、掌握学生的作文情况，并对学生的作文做出及时评价，从而使教学双方得到阅读与写作联动教学中的第一手反馈信息。

表1-1是本课的学生作文评价量表。

表1-1 学生作文评价量表

学生姓名： 总分：

评价内容	5′ 4′ 3′ 2′ 1′
文章思路清晰、内容完整、结构清晰	
目标语言使用正确、句式丰富、用词恰当	
语法正确、语言拓展	

我的认识：本次在英国学习后，我感到上面的评价量表对本节课没有很强的

针对性,是个比较宽泛的量表,因此又重新做了一个新的评价量表。新的评价量表与本节课所学的知识联系紧密,评价的几个方面也是本节课所学的重点与难点。若能在本节课的结尾用上这个量表,我想能起到帮助学生领会本节课教学目标的作用。

表1-2是修改后本课的作文评价量表。

表1-2 修改后本课的作文评价量表

学生姓名:　　　　　　　　　　　　　总分:

评价内容		分值	评价(得分)
结构	Topic sentence		
	简练、达意,具有信件的交流性	1分	
	Body:suggestions/advice		
	所提建议针对性强、文章句式丰富	1分	
	目标语言使用正确、用词恰当	1分	
	文章思路清晰、结构严谨	1分	
	Ending		
	结尾有力、对主题有所烘托	2分	
语法	提建议句型丰富	1分	
	语法正确	1分	
学以致用	好词、好句及拓展知识	2分	

五、结束语

我最喜欢教授经常提到的 PMI—Plus,Minus,Interesting,即在教学设计前要充分考虑到该设计有何长处,有何不足,有没有有意思并能吸引学生之处。

本次英国教授对我的案例分析不仅敦促了我的个性成长、更新了我的教学理念、激活了我原有的教学思想,在我获取教育科研成果等方面具有重要的意义和价值,还使我在今后的工作中勤于思考、勇于实践(如选用适合学情的教学方法——个性化教学、课堂观察、本土化教学、课例、资源整合等),在学习中成长、在实践中成长、在研究中成长、在反思中成长,加快自身的专业化成长,走稳教师专业化发展道路的每一步,为我国的教育教学事业贡献我的力量!我会重新审视自己的课堂,学习并改变;我会在这里起步,去创造一个属于学生的充满生机、充满兴趣、充满智慧的课堂;点燃我自己、我的同事以及那一颗颗幼小心灵的智慧人生！

PMI—Plus，Minus，Interesting，教学如此，人生亦然！

（本课教学实录请参阅附录一）

第二节 多维联动教学法的产生

一、英语多维联动教学法的提出

笔者在2003年开始摸索并逐步形成了"初中英语阅读与写作联动教学法"，将英语阅读与写作教学作为一个整体来考虑，将阅读与写作教学中各种行之有效的方法进行分析、筛选、优化组合，形成阅读与写作联动的新教学思路与方法。该教学法经过十多年的教学实践，取得了良好的效果。

"阅读与写作联动教学法"的最大价值就是践行"读写整体观"，将读和写紧密结合起来，以读促写，以写带读，具体说就是通过阅读培养语感，通过语篇分析培养建构篇章的能力，这样既能从构思谋篇的角度对阅读材料进行准确、深入的理解，又使每一篇阅读材料成为学习写作的范文，保证学生在阅读中有充分的模拟写作训练。"阅读与写作联动教学法"强化了语言本身的整体性，缩短了语言知识和应用能力之间的距离。具体地说，通过阅读，学生与作者的思想感情相沟通，学习写作技巧，获取写作经验，领悟见解，掌握信息，从而激发学生去思考、感悟，并拓展思路，扩大视野。阅读中培养的思维分析、推理能力以及学到的语言知识、文化知识等使得学生把写作变成表达思想的自然愿望，变成顺畅地传达思想、感情、见解的行为，不再把写作看作是被动应付的苦差事，畏惧写作，从根本上提升并强化了学生的英语写作意识与技能，扎扎实实地提高了学生的英语综合能力。

二、新课标与新挑战

时代的飞速发展呼唤着与时俱进的英语教育。随着基础教育课程改革的不断深化，综合语言运用能力的目标要求已无法满足国家对未来人才培养的要求。为落实立德树人根本任务，实现学科育人这一新时期的新任务，2022年修订颁布的《义务教育课程标准》中明确指出"发挥核心素养的统领地位"的课程理念。《普通高中英语课程标准》（2017年版，2020年修订）重新建构了英语学科课程目标，提出了由语言能力、文化意识、思维品质和学习能力构成的英语学科核心素养目标。新的课程目标强调英语课程要在培养学生语言能力的同时，发展他们的文化意识，提升他们的思维品质和学习能力，从而将语言、文化和思维的发展融为一体，解决语言与文化、语言与思维相互割裂等问题（王蔷等，2021）。例如：近几年来，北京市英语听力考试从单独举行到听口考试的变化，考试命题聚焦铸魂育人，落实核心素养考查，引导学生德智体美劳全面发展，在深化基础性考查的同时，突出关键能力考查，发挥评价的育人功能和积极导向作用。而多维联动教学法正是在读写联动教学实践基础之上发展、运用、优化出来的。

新课程标准对英语教师提出了新挑战。首先是理念层面的学习与理解。要深刻认识到英语学科工具性与人文性并重，尤其是要发挥英语学科的育人价值，将学生的语言、思维、文化的发展融为一体。其次是教学层面的实践与探索。教师的教学设计要从课时设计转变为单元设计、学段设计，指导学生阶梯式发展；课堂教学中，学生要成为学习体验的主体和主人，学会学习；课后的作业设计更要"守正出新"，在传统的作业中融入单元作业、新媒体作业、综合实践类作业等要素，让作业不只起到复习、预习的作用，而是成为撬动学生自主学习意识的杠杆、培养自主学习习惯的手段、提升自主学习能力的推手。

新课程标准也对学生发展提出了明确要求。首先要有积极的语言学习经历。这有助于学生保持学习的热情与兴趣，形成积极反馈策略。其次是语篇为核心的六要素融合的整体学习观。以听的方面、说的方面、读的方面、写的方面理解性技能部分要求为例，《义务教育课程标准（2022年版）》提出的三级要求是：七年级要求提取、梳理、分析和整合书面语篇的主要或关键信息、课外视听活动每周不少于30分钟，课外阅读量累计达到4万词以上（二级为4000~5000词）；八年级要求课外视听活动每周不少于30分钟，课外阅读量累计达到10万词以上；九年级要求课外视听活动每周不少于30分钟，课外阅读量累计达到15万词以上。《普通高中英语课程标准》提出，必修阶段课外视听活动每周不少于30分钟，课外阅读量平均每周不少于1500词（必修课程阶段不少于4.5万词）。

近几年北京市中考、高考英语考试命题体现对新课标中核心素养、主题、学习活动观以及教-学-评一体化的能力考查，强调了重视现代信息技术与英语课程深度融合等理念。

本书旨在通过对多维联动教学法的产生、理论基础、实践案例等阐述，探讨一线教师在转变教学理念的过程中，落实学生核心素养的教学实践，同时进一步系统地总结这种教学法，使之更加规范。

三、英语多维联动教学法的界定

1. 内涵

多维联动教学法是以发展学生核心素养为目标，根据学生的身心发展规律、认知特点，在单元整体教学设计中将"听、说、读、写、看、演"联动起来，使之成为一个相得益彰的统一体，进行教学研究和实践。其基本教学程序可以表述为：制订单元教学目标→听、读、看语言材料（内容、形式）→领悟阶段，语篇分析（主题、语言、结构、连贯手段）→吸收阶段，语言实践（说、写、演）→转化阶段。也就是说，借助听、读、看引导学生进入领悟和吸收阶段，通过说、写、演使他们达到转化阶段，进而把输入中所学的内容、结构、思想、方法等根据需要灵活运用到输出中去。

这种教学方式具体运用到英语教学中，就是以主题引领单元，通过单元学习目标及单元语篇解读，明确"听、说、读、写、看、演"在具体语篇中的教学路径。以教材文本为基础，依据学生发展需求，先对学生进行听力、阅读理解、视频语篇的教学，并将其作为口语、写作、表演的基础，以整合性的口语、写作、表演任务检验单元教学效果，从而实现听、说、读、写、看、演的联动。多维联动教学法以主题联动、内容联动、结构联动、语言知识与文化意识联动、课内与课外联动、初高中学段衔接联动等多种形式，合力促进学生核心素养的发展。同时，引导学生通过自主学习、合作学习和探究学习等，培养学习能力，树立终身学习的理念。

2. 多维联动的主要形式

在多维联动的教学实践中，笔者主要采用了主题、内容、结构、语言知识、文化意识、课内外、初高中学段衔接等方法。

以文化意识和课内外联动为例，在选择补充内容的时候，笔者既考虑到学生的认知水平，又考虑到英语语言学习的特点，还要注重学生学习语言的过程，因此选择了侧重听说能力培养的 *Let's talk in English* 和 *Studio Classroom* 月刊，以及侧重阅读能力培养的 *Teens*、《常春藤英语》中题材丰富、体现英语国家文化的文章。从七年级开始每个单元都会为学生补充一些词汇、英语诗歌、励志谚语、英语歌曲、与作文话题相关的原汁原味阅读文章，以及趣配音、模仿秀等新媒体学习资源。

以主题联动、语言知识、文化意识联动为例，高中阶段对学生思维能力发展以及语言表达提出了更高的要求。2019年使用的新教材学习内容丰富，每个单元包含导入课、听说课、阅读课及写作课。2019年，根据《普通高中英语课程标准》的理念和课程内容要求，笔者以主题意义为引领，以语篇为依托，整合语言知识、文化知识、语言技能和学习策略等学习内容，打破单独课型的局限，整合语言知识和文化知识等内容，通过精心设计的学习理解、应用实践、迁移创新等融语言、文化、思维为一体的学习活动，引导学生学习和运用语言知识及语言技能，获取、梳理、概括、整合语篇的主题意义和主要内容，形成结构化知识。这要求教师要有联动意识，根据主题探究主线、学生素养培养重点，以教材语篇为主，有意识地按照主题意义探究脉络，整合、利用教材已有资源，开发线上资源，从而实现学生输入与输出的联动。

以初高中学段衔接联动为例，面对初高衔接的关键时期，初高中教师都要以单元主题意义探究为主线，分析单元多语篇间的逻辑关联，依据学情，设计、实施单元整体教学流程。通过设计以学生为主体的、层层递进式的课堂学习活动，以自主探究为目的的拓展活动，通过单元主题结构化知识图、信息结构图、单课时作业、单元作业、单元展示、单元反思等方式培养学生单元整体学习的意识，培养积极学习策略，帮助学生保持学习兴趣，提高课堂学习效率，促进学生语言、文化、思维的融合发展。

第三节　英语多维联动教学的理论基础

一、多维联动教学法的理论基础

1. 多元智能理论

多元智能理论也译成多元智力理论，是1983年由哈佛大学发展心理学家霍华德·加德纳（Howard Gardner）教授在斯滕伯格、塞西顿智力理论的基础上提出来的，迄今已有40多年的历史，已经逐渐引起世界广泛关注，并成为20世纪90年代以来许多西方国家教育改革的指导思想之一。1989年，加德纳把智力界定为"个体用以解决或生产出为一种或多种文化或环境所珍视的问题和产品的能力"。1999年，加德纳明确指出："现在，我把智力定义为'个体处理信息的生理和心理潜能'，这种潜能可以在某种文化背景中被激活以解决问题和创造该文化所珍视的产品。"加德纳认为，支撑多元智力理论的是个体身上相对独立存在着的、与特定的认知领域或知识范畴相联系的七种智力。这七种智力分别是：言语——语言智力、音乐——节奏智力、逻辑——数理智力、视觉——空间智力、身体——动觉智力、自知——自省智力、交往——交流智力。根据多元智能理论的基本观点，我们的中学英语教学应当树立新的学生观、教学观和评价观；在学习过程中让学生认识到多方面的智力领域；教师应当注意鉴别并发展学生的优势智力领域，帮助学生将优势领域的智力迁移到其他智力领域，并更加注重培养学生的创造能力。

2. 输入输出理论

20世纪70年代末，Krashen提出了"输入假说"理论，并将其视为二语习得的核心部分。Krashen认为理想的输入应该具有以下特征：①可理解性，即输入的语言材料的难度要略高于学习者现有的语言水平和可理解范围。②既有趣味性又有关联性，即输入的语言材料应该能吸引学习者并且和学习者相关。③非语法程序安排，即教学工作不必按照语言程序来安排。④足够的输入量，即应为学习者提供足够的语言材料。因此，学习者可以通过接触理想的输入材料，从而循序渐进地习得语言知识。然而，"输入假说"理论只承认输入对语言习得的影响和意义，忽视了输出的作用。随后，Swain 在 80 年代后期提出了"输出假说"理论。Swain 通过对加拿大法语浸入式教学进行调查研究而提出了"可理解输出假说"理论。Swain 发现在对以英语为母语的学生全部用法语进行教学时，学生在接收到大量的"可理解性输入"后，听力和阅读能力有了显著的提高，但是口语和写作能力却相对较差。因此，要想取得理想的习得效果，不仅需要进行大量的可理解输入，也需要进行可理解输出，这样才有利于促进二语学习者提高语言表达的准确度和流利度。Swain 认为可理解输出具有三个功能：①注意/触发功能。即语言输出能促使学习者意识到自己想要表达和能够表达之间存在着一定的差距。②假设检验功能。二语学习过程是一个不断对目的语提出假设并不断检验和修正的过程，输出正是验证假设的重要手段。③元语言功能。元语言是指学习者所具有的关于语言的知识总和。也就是说，语言习得需要通过大量的输出来发现错误和不足并加以修改，检验自己对知识的理解和内化程度，从而更好地提高自己的语言能力和表达能力。

3. 建构主义理论

建构主义也译作结构主义，最早是由瑞士心理学家让·皮亚杰（Jean Piaget）提出的，后经俄国心理学维果茨基（Lev Vygotsky）、美国认知教育心理学家戴维·保罗·奥苏贝尔（David Pawl Ausubel）和美国当代最著名的心理学家杰罗姆·布鲁纳（Jerome Seymour Bruner）等的研究，建构主义理论得以进一步丰富和完善。建构主义认为，知识不是通过教师传授得到，而是学习者在一定的情景即社会文化背景下，借助其他人（包括教师和学习伙伴）的帮助，利用必要的学习资料，通过意义建构的方式而获得。建构主义强调以学生为中心，学生应主动加工信息、建构知识结构；学生是整个学习过程的主体，教师是学生建构意义的帮助者和促进者。

4. 人本主义理论

人本主义心理学崛起于 20 世纪 50 年代，它的主要理论思想起源于亚伯拉罕·哈罗德·马斯洛（Abraham Harold Maslow）与卡尔·兰桑·罗杰斯（Carl Ransom Rogers）等人的心理学研究。人本主义心理学由于提出了与被称为心理学第一思潮的、把人描述为本能与冲突的产物的精神分析学派及作为心理学第二思潮的、强调人与动物的基本相似性、强调学习是解释人类行为的主要根据的行为主义学派截然不同的观点，被称为心理学的第三思潮。其基本理论用于教学理论领域而提出的人本主义教学理论，受到教育界的普通重视，成为当前西方教学理论中的一个重要派别。人本主义认为：人的学习活动应当是一种自发的、有目的的、塑造自我、愉快学习的过程，学生自身具有学习的能力；当学习符合学生自身的目的时才会有意义；当学生负责任地参与学习过程时，就会促进学习；涉及学生整个人的自我发起的学习，是最持久最深刻的学习；同伴学习和小组学习可促进学习。人本主义的中心点是教师应当以所教对象的学习过程和学习特点为基础组织课堂教学，应当鼓励学生参与课堂的计划、实施和评价，充分发挥学生为自己学习负责的自主意识，创设一种宽松、民主、融洽的学习气氛。自主学习模式承认并尊重学生的个体差异，最大限度发挥学生的学习主动性，努力营造这样的课堂氛围，既可以提高学生的学习效率，又可以促进他们的个性发展。

5. 过程写作理论

过程写作（Process Writing）是近年来受交际语言教学思想影响流行于西方教育系统（从中小学母语写作到高等院校第二语言）写作课程的一种教学理论。这种理论认为写作学习应当与学生的人生经验发生联系，成为一种有意图、有意义的学习活动；强调任何写作学习都是一个渐进的过程，而其教学侧重点由传统的篇章结构、语法、词汇，转向了对于写作内容及写作过程的关注。过程写作理论强调写作学习应当成为一种有意图、有意义的学习活动，强调写作学习是一个渐进的过程，侧重点应在注重篇章结构、语法、词汇的同时，加强对写作内容及写作过程的关注。

6. 生态智慧课堂理论

教育是人生命活动的过程，不仅是知识学习和能力提高的过程，更是人成长和完善的过程。"生态·智慧"课堂的目标和追求，就是要构建生命成长和智慧生成的场域，以此实现教育的三层目的：健康善良的生命；活泼智慧的头脑；丰富高贵的灵魂。构建"生态·智慧"课堂，首先，需要把"人"放在核心地位，关注学生的"生命、生活、生长"。其次，通过构建"4H"课程结构，对学生的头脑、心灵、双手和健康这四个要素予以关注，然后，以学习为中心，构建三层八维的课程结构。再次，还需研制国家课程校本化实施标准，提高课堂教学质量。最后，培养智慧的学生，让学习真实发生。生态智慧课堂的两种属性：一是课堂的生态属性，二是课堂的智慧属性。课堂的生态属性，在于尊重、唤醒、激励和发展生命，将课堂构建成一个有利于生命投入的学习生态环境。课堂的智慧属性，则要求课堂要唤醒生命智慧，提升思维品质，丰富情感体验，培养健全人格。生态智慧课堂的目标追求，是构建生命成长和智慧生成的场域，即生活场、思维场、情感场、生命场。在此基础之上，构建英语学科的生态智慧课堂模型，把立德树人渗透在英语课堂当中。尊重生命，相信每一个生命在每一节课堂上都有发展的可能。

由此可见，人本主义理论强调发挥学生主观能动性的快乐学习；建构主义理论强调学生在学习中的主体地位；多元智能理论强调尊重学生的个体差异和充分利用优势智能的迁移，特别是将理解性技能中的收获作为基础，直接迁移到表达性技能中，从而降低学生焦虑心理，提高表达性技能的起点水平；过程写作理论强调写作学习应当成为一种有意图、有意义的学习活动，强调写作学习是一个渐进的过程，侧重点应在注重篇章结构、语法、词汇的同时，加强对写作内容及写作过程的关注；输入输出理论强调可理解性，强调输入的语言材料的难度要略高于学习者现有的语言水平和可理解范围，可理解性输出要触动学习者自我认识、自我检验、主动寻找差距并在改进中内化提升语言；生态智慧课堂将学生的发展放到最重要的位置上。因此尊重学生学习的主体地位，诱导学生多项智能的发展，引导学生优势智能的迁移是高效完成多维联动教学法的前提和根本目的。

三、多维联动教学法实施路径

为了提升学生英语学科核心素养，多维联动教学法实施路径为：教师引领任务设计，学生主体参与教学活动，以知识建构培养学生思维能力，以课堂生成检验学生口笔头表达能力的培养（如图1-2所示）。

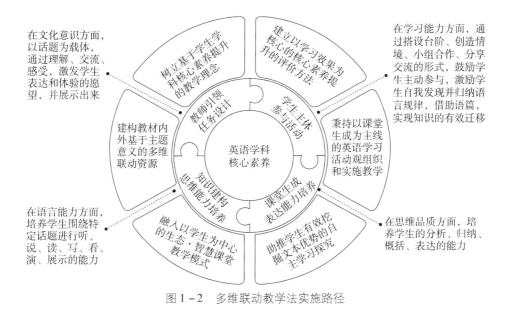

图1-2　多维联动教学法实施路径

在实施过程中，教师应遵循以下六个原则：树立基于学生学科核心提升的教学理念，建构教材内外基于主题意义的多维联动资源，融入以学生为中心的"生态·智慧"课堂教学模式，助推学生有效挖掘文本优势的自主学习探究，秉持以课堂生成为主线的英语学习活动观来组织和实施教学，最后建立以学习效果为核心的核心素养提升的评价方法。

在多维联动的教学设计中，应包含以下四个方面。在语言能力方面，培养学生围绕特定话题进行听、说、读、写、看、演、展示的能力；在学习能力方面，通过搭设台阶、创造情境、小组合作、分享交流的形式，鼓励学生主动参与，激励学生自我发现并归纳语言规律，借助语篇实现知识的有效迁移；在文化意识方面，以话题为载体，通过理解、交流、感受，激发学生表达和体验的愿望，并使其展示出来；在思维品质方面，培养学生的分析、归纳、概括、表达能力。

语言技能是语言运用能力的重要组成部分。听、读、看作为理解性技能，是学生语言输入的主要形式，也是学生语言技能发展的主要形式。"看"技能通常指利用多模态语篇中的图形、表格、动画、符号以及视频等理解意义的技能。在新媒体时代的背景下，学会观察图表信息，理解符号和动画的意义，也构成了阅读能力的重要组成部分。说、写、演作为表达性技能，既是学生理解性技能的产出，也是促进学生内化的有效方式。理解性技能和表达性技能在语言学习过程中相辅相成、相互促进。

多维联动教学法倡导在课堂中根据课型、学生学习需求，灵活选择和运用听、说、读、写、看、演的方式，以提高学生学习效率。英语听、读、看教学对培养和提高学生的英语说、写、演能力有多方面积极的影响，主要表现在以下几个方面：一是听力语篇、阅读语篇和视频语篇可以培养学生的语感。语感是人们直接感觉和领悟语言的一种能力，也是语言能力的基础。在语言实践中，人们通过听、看或读，广泛地接触语言材料，逐渐产生对英语语言的直觉认知，从而克服汉语的干扰，不断培养和形成英语的思维定式。这样在口语表达、书面表达的时候，就有可能自觉排除汉语的干扰，有效遏制中式英语现象。二是听力语篇、阅读语篇和视频语篇为口头和书面输出储备丰富的语言知识。一方面，通过课堂教学中语篇的有效输入，学生加深对主题相关的语言知识和文化知识的理解，尤其是与主题相关的语言表达在多次接触和运用中得到巩固；另一方面，学生的学习是一个积极主动建构知识结构的过程，学生通过语篇学习，有意识地积累新的语言知识，同时不断地对已有信息进行重组，逐步完善个人的英语语料库，形成主题结构化知识。三是听力语篇、阅读语篇和视频语篇为口语表达和书面表达提供了丰富的语言知识素材和文化知识素材，是学生积累写作素材的最重要途径之一。素材是文章的血肉，如果没有大量的素材积累，写作者便无法写出内容丰富、主题深刻、翔实感人的佳品。四是有效地多维联动培养学生的语篇分析能力。语篇是指由一系列连续性句子构成的、形式上衔接、意义上连贯的语言整体（黄国文，1988）。语篇赋予语言学习以主题、情境和内容，并以其特有的内在逻辑结构、文体特征和语言形式组织信息、呈现信息，服务主题意义的表达（吴长宏，2021）。语篇分析就是使读者科学地、系统地分析语言材料在文中的相对位置及其如何产生意义，并识别语篇中的组织（结构）模式及其规定这些组织（结构）模式标记的语言手段。它的目的就是以语篇为出发点对这些规则进行分析（王颖婷，2021）。具体而言，首先，通过学习语篇培养学生理解、分析、构建语篇的能力。以阅读语篇为例，阅读心理学家把篇章的结构分为三种水平。第一种是句子或微命题水平的结构，它涉及的问题是句子是怎样被结合起来的；第二种是段落或宏命题水平的结构，它涉及的乃是段落中的逻辑结构；第三种是作为一个整体的文章上层水平的结构。写作者安排文章整体框架和段落层次的能力对作文的成功与否至关重要，因为即使词语再准确、内容再生动，没有一定的篇章知识和构建篇章的能力，就会有文无篇。阅读模式告知我们：高一级的信息都影响着低一级信息的加工。所以，在英语教学中，学生可以采用自上而下、先见森林后见木的阅读方式。首先通过阅读，揣摩作者的意图，把握文章的整体框架结构，在此基础上，通过对文章的各个段落层次的分析，领悟文章句与句、段与段之间的逻辑联系及写作者所采用的各种衔接手段，领会文章的各种表现手法和谋篇布局上的特点，并借以掌握英语写作的内在规律，采取自上而下的思维方式，理解组句成章的各种原则，进而增强语篇结构意识，学会从宏观的角度构筑文章的框架结构，为将来的英语写作准备必要的技能。其次，通过模仿语篇宏观或微观组织结构培养写作技能。阅读的过程，也就是模拟写作的过程，在阅读课堂上学生要解译出写作者发送出来的各种信息，达到交际的目的，把阅读材料当作全面了解写作者的范文，领悟写作者在范文中采用的各种写作手法和表达技巧。然后在多种形式的语言实践活动中，采用写提纲、改写范文、模仿范文进行写作训练等活动中，反复借鉴、模仿写作者的写作手法和表达技巧，熟能生巧，形成学生自己的写作技能，为进一步独立写作创造条件。

在培养学生分析问题解决问题的过程中，多维联动教学法强调学生是学习的主体，是课堂的主体。学生学习的主动性、积极性、能动性将直接影响教与学的效果。近些年来，旨在促进学生了解、融入社会的综合实践活动已经成为中小学必修课程。综合实践活动是学生在实践中运用学科知识解决真实社会问题的平台。发挥学科特点，开展多种形式的学科活动也是我校特色。比如，既有融合课本改编剧、原创剧、经典剧的英语戏剧节活动，也有与其他学科融合，运用英语知识的调研、展示、汇报、比赛等实践活动。学生在过程中运用多种语言技能，将课堂学习与社会实践多维联动，有效激发学生的学习内驱力，使学生在实践过程中整合学科知识，探索问题解决的策略，提高其自主、合作、探究的综合实践能力，更好地发挥学科育人的能力。

第二章 多维联动教学法的案例研究

第一节 多维联动教学法初中案例呈现

Unit 14 I remember meeting all of you in Grade 7（Section A）
(《英语》(九年级全一册)，人民教育出版社，2014年3月出版)

一、指导思想

根据英语学科核心素养提出的要求，本节课在语言能力方面，主要培养学生使用一般过去时就"初中三年在学校的经历"这个话题进行听、说、读、写、展示的能力；在思维品质方面，培养学生以思维导图（Mind Map）的形式分析、归纳、概括、表达的能力；在学习能力方面，通过搭设台阶、创造情境、小组合作、分享交流的形式，鼓励学生主动参与，激励学生自我发现并归纳语言规律，借助语篇，实现知识的有效迁移；在文化意识方面，以话题"学生回顾总结初中三年美好时光"为载体，通过理解、交流、感受，激发学生表达"回忆和体验"的愿望，珍惜难忘的学校生活、同学之谊、师生之情，并以诗歌的形式展示出来。

本节课采用听、说、读、写联动的方法，促进学生英语综合能力提高。

本节课所运用的思维导图是英国学者Tony Buzan在20世纪60年代初期所创建的一种将放射性思考（Radiant Thinking）具体化的方法。它在快速阅读、提高记忆力以及开发大脑等方面作用显著。"它顺应了大脑的自然思维模式，以直观形象的方法让各种观点自然地在图上表达出来，使思维可视化，是一种思考和解决问题的有效工具。因此，学生使用思维导图可以极大地提高学习效率。"

二、教学背景分析

教学内容：Unit 14 I remember meeting all of you in Grade 7 Section A I remember 诗歌阅读和创作。

（一）学情分析

1. 学习风格与特点

教学对象是北京一零一中学九年级 9、10 班 A 层。该班英语起点较高，经过两年多的学习，他们逐渐形成了良好的英语学习习惯；有较好的用英语表达的欲望；喜欢课堂环节紧凑、有序。两年多来，通过读写联动等教学实践，他们在阅读与写作方面有了很大进步。总的来说，学生比较喜欢突出听读领先、读写联动的教学模式。

2. 学生现有的诗歌阅读能力与已掌握的知识

在九年级 Book 5 第七单元阅读了诗歌 *Mom Knows Best*，该诗歌共有三节，学生对英文诗歌阅读与欣赏的策略有了初步了解。

九年级下学期，学生在英语学习方面已经出现了一定的分化现象，同时一些学生在学习上也存在着不稳定性。虽然如此，学生也希望能得到他人的肯定。因此笔者在教学活动中尽量让他们参与到活动中来，有更多的机会说英语，减少他们的恐惧感，通过阶梯螺旋式的教学任务链，降低他们的学习难度，使他们体验到成功的喜悦，提高他们综合运用语言的能力，尊重每一名学生的生命质量，使各层次的学生在每一节课上都能有所收获。

（二）教材分析

由人教社出版的初中英语教材的编写特点是：每个单元分为 Section A 和 Section B 两部分。Section A 部分是基本的语言、语法内容，包括词汇、语法、功能等，听力输入、口语输出、阅读输入为主要教学形式，是初步体验和感知语言的阶段。Section B 部分是知识的扩展和综合的语言运用，在进一步听说训练的基础上，重点发展学生的篇章阅读和写作能力。每个单元还附有 Self Check 部分，供学生用来自我检测本单元所学的语言知识。

（三）单元分析

本单元是本学年最后一个单元，也是初中学段最后一个单元。本单元设计目的旨在复习巩固初中学段一些重要语法项目，同时让学生回顾总结初中三年的美好时光。

Section A 通过谈论初中毕业生的在校时光，在语言上让学生回顾并加深对几种时态、句式及固定搭配的理解和运用，在情感上让学生珍惜初中学段美好时光。

1a 活动呈现了本单元的核心话题及动词 remember 加 ing 的用法。通过主题图中两个初中毕业生的对话，激活学生关于谈论初中生活的背景知识。同时导入本单元话题之一——回顾过去时光。1b 活动通过与主题图匹配的听力输入，让学生再次熟悉"在校时光"这一话题，并激发学生表达自己去回忆和体验的愿望。1c 活动让学生谈论记忆深刻的事情或经历，在复习动词词组的基础上复习现在完成时。

2a~2c 活动是一组完整的听说练习，听力对话内容除了回忆和体验初中生活，还引入对未来生活的讨论。2d 活动示范对话集中呈现了 2a~2c 活动听说任务部分所使用的语言，涵盖了 Section A 的重点时态及从句的用法。本部分输入的语言更加丰富，为学生提供了示范，旨在培养学生综合使用语言的能力。2d 活动对话中，两学生谈论各自最难忘的老师，表达自己对老师的感谢之情，让学生学会感恩。

3a~3c 活动是一个完整的阅读任务链，阅读语篇以诗歌的形式讲述了一名初中毕业生的回忆，表达了他对初中生活的恋恋不舍。本部分词语优美，内容朴实，情深意切。

4a~4b 活动是对"语法聚焦"内容在阅读理解和表达层面上的操练。4a 活动使用排序的方法培养学生的理解能力和逻辑思维能力；4b 活动使用回答问题的方法巩固学生的读和写的能力。这两个部分均提供了真实的语境，而不是机械的语言操练，这些活动能让学生复习巩固本单元的几种时态。

本部分的重点是复习初中阶段比较重要的语法内容，如现在完成时和一般过去时的用法，教学难点是 remember doing sth. 的用法以及如何理解和欣赏诗歌体裁文章。

Section B 是 Section A 在话题、语言结构和技能上的继续和延伸。在话题上，由谈论过去的中学生活转向对未来的展望；在语言上，除进一步综合训练 Section A 所复习的语言项目外，还加强训练学生准确描述过去并展望未来的语言能力；在技能上，则由听、说、读转向更为综合性的听、说、读、写训练。

1a~1e 活动通过听说活动拓展单元话题，同时拓展和巩固了目标语言的运用。1a 和 1b 活动是听前的预热，话题和内容与听力内容紧密相关。1c 和 1d 活动主要检测学生对听力材料的理解，并在理解的基础上实现信息转换。1e 活动要求学生根据所列问题提示准备演讲，主要训练学生的口头表达，巩固所学语言。2a~2e 活动是一个完整的阅读活动，以演讲的方式讲述了一名老师或校长对即将毕业的学生的寄语和激励。演讲内容包括从老师的角度看待初中的三年生活，有对学生的肯定和赞扬，还有对学生未来的祝福。写作部分 3a 活动通过问题帮助学生梳理重点内容，为写作打下基础。3b 活动要求学生根据前面所作记录描述自己难忘的人或事情。

（四）本课时分析与教材整合

通常教材上的一个单元用五个课时处理（Section A 两个课时；Section B 两个课时；Self Check 一课时），笔者在每个单元的处理上都会根据需要进行适当的删减与补充，以及顺序上的调整。本节课是本单元的第二课时。

本节课是一节以诗歌为载体的阅读和创作课。阅读语篇以诗歌的形式讲述了一名初中毕业生的回忆，表达了该生对初中生活的恋恋不舍。本部分词语优美，内容朴实，情深意切。

此外，本节课笔者还补充了两篇英文诗歌来拓展学生的思路。通过学习原汁原味的诗歌，丰富学生的语言，为学生进一步的诗歌创作奠定基础。笔者还加入一些难度较大、培养学生思维能力与初步推断能力的任务。如指导学生以思维导图的形式归纳诗歌每一节的主题并提炼作者的感受，进而让学生根据自己的理解表达作者对初中生活的不舍之情。对于补充的诗歌，笔者让学生读完第一首诗后结合诗文给诗添加一个标题，以培养学生的思维能力；读完第二首诗后，让学生谈谈读完该诗的感受，以丰富自己创作诗的语言和内涵，提升鉴赏能力和思维品质。

（五）教学策略

基于以上分析，本节课设计的总方针是：根据学生实际情况，遵循学生身心发展的普遍规律，按照学生认知水平和能力，从学生实际生活经验出发，由易到难，逐级铺设台阶，整合教材，安排教学内容，注重学生学习英语的过程。本课强调学以致用，通过设置真实情境，在课堂上为学生"架起课堂与实际生活的桥梁""系起课堂与外国文化的纽带"，即在诗歌阅读和创作教学中笔者重视学生对学习过程的参与——感知、发现、归纳、体验、创新。教学过程必须围绕本节课的教学目标，设计出可操作性强的、任务化的教学环节，在保持学生学习兴趣的同时，提高课堂学习的效率，突出以学生为主体的教学活动，最终完成系统的任务链，达到创作诗歌的目的。

人教版初中英语教材，在每个单元都有一个话题写作的内容，但相关的阅读材料，满足不了学生的阅读需求和思维能力的培养。根据笔者所摸索的多维联动教学法，针对教材中阅读材料的不足，教师应有意识地按照阅读教学的要求和方法，给学生补充一些和本单元话题相关的课外阅读和拓展训练来完成写作教学这一任务，从而实现写作话题与阅读材料的联动。整个教学环节努力实践"知识学习"与"实际应用"并重，"素质培养"与"文化拓展"并重，"技能训练"与"创新培育"并重，"共性提升"与"个性指导"并重。

（六）设计流程图

为了达到在本节课学生能够理解诗歌，口头笔头谈论他们对初中三年难忘生活片段的回忆这一教学终极目标，笔者采用了课本诗歌阅读材料、两篇补充诗歌阅读（语言输入）的方式，通过谈论初中三年经历的活动、校园的一草一木，来表达难忘的同学之情、师生之谊，以及对初中三年时光的恋恋不舍之意。从单句到文段（语言内化并输出），提高学生在真实情境下运用语言进行诗歌创作的能力。本节课设计流程图如图2-1所示。

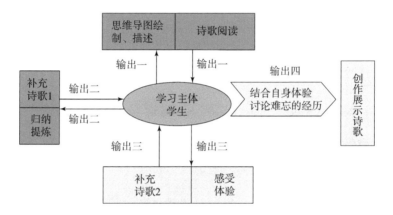

说明：输入一为传统教学过程；输出一为培养学生阅读理解能力、逻辑思维能力和表达能力的教学任务；输入二、三和输出二、三为多维联动后增加的教学任务，旨在结合学生自身经历，提升学生对诗歌的理解、感悟，并丰富学生语言习得过程的教学任务；输出四为学生的创作提供机会。从学习过程分析，在增加了两个输入环节后，语言输出的强度大大增强

图2-1 本节课设计流程图

三、教学目标（内容框架）

1. 话题（Topic）：School days
以诗歌的形式回忆初中三年难忘的生活片段。
2. 教学目标（Teaching Objectives）
By the end of the class you will be able...

• to understand the poem about past memories and experiences of school life in the textbook;

• to talk about past memories and experiences of school life of your own;

• to write a one-stanza（诗的一节）or two-stanza poem about your own unforgettable school activities/teachers/friends.

3. 语言功能（Function）

Share past memories and experiences.

4. 语言目标（Target Language）

I remember doing sth. ...

I remember that...

5. 教学重点（Key of Teaching）

- to understand the poem about past memories and experiences of school life;
- to talk about past memories and experiences of school life.

6. 教学难点（Difficult Points）

- to write a one – stanza（诗的一节）or two – stanza poem about your own unforgettable school activities/teachers/friends...

7. 教学用具（Teaching Aids）

Multi – media, Video, Blackboard, Students' work sheet.

四、教学过程（Teaching Procedure）

教学过程如表 2 – 1 所示。

表 2 – 1 教学过程

教师活动	学生活动	设置意图
Brainstorming 5'		
Ask students to think about the question. 1. What activities do you remember about your life in junior school? 2. What do you think of these activities?	Think and brainstorm	Arouse students' interest in the topic—I remember. Inspire students to think about the activities that happened in the junior high school
3a Reading 15'		
First Reading: Ask students to read the passage and answer the questions. 1. What kind of writing is this? 2. What is the main subject of this writing? 3. Who do you think the writer is? Then check the answer	Read the poems, think and answer	Get students to read and think about the question

续表

教师活动	学生活动	设置意图
Second Reading: 1. Ask students to read and draw a mind map about the poem, including the activities of each stanza and how the writer feels about them. 2. Ask students to explain the poem to the partners according to the mind map and try to understand the poem better	Think, read, draw and talk	Get students to draw and explain the work to their partners
Third Reading: 1. Ask students to read the poem again and underline the words that rhyme with the words below. eg. things rings 2. Then check the answer together	First read and do exercise 3b, then check the answer	Provide reading practice to help understand the rhyme in the poem
Additional Poems 10'		
I. Results and Roses 1. Read the poem and answer this question. What is the poem about? 2. Read the poem and underline the words that has the same rhyme. II. A Forever Friend 1. Read the poem and answer this question. What can you learn from the poem? 2. Then check the answer together	Listen, think, fill in the chart and answer the questions	1. Provide the chance to widen the students' horizons. 2. Get the students to learn more and think about the experiences that happened between friends. 3. To help the students get ready for the creative writing
Creative Writing 15'		
Before writing: 1. Ask students to think about this question: What do you think of your teachers? 2. Ask students to do the pair work. What happened in junior high that made you have these feelings? 3. The teacher elicits the students' responses and gives helpful feedback	Ask, answer, and think	1. Provide real situation for oral practice and ask them to use the description words. 2. Provide a better chance for the students to exchange information on what they think of their teachers and share the things that happened in the junior high school. 3. Help and learn from one another

续表

教师活动	学生活动	设置意图
Creative writing： 1. Ask students to write a poem "I Remember". 2. Ask students to act out. Give helpful feedback on their performances by pointing out what are good and what, if there's any, could be improved	Write, act out, and evaluate	Provide a chance for the students to create, act out and learn from each other
Homework		
Ask the students to polish their poems and then put them up on the bulletin board		Provide a chance for the students to evaluate and learn from each other

板书设计（Blackboard Design）

I remember

教师预设板书

- morning readings / lunch running (not easy, hungry)
- Art festival (messy) / New Year's parties (having fun/excited)
- sports day (excited, tired, be proud of)
- I remember
- English learning (challenging, hardworking)
- starting day one(shy)
- Activities, Teachers, Friends (Qualities, Characters)
- eave school sad, not calm)
- make frien help each other (happy, get better)
- miss everything (unforgettable)
- ……

学生课堂生成的板书

诗歌评价量规（Evaluation）

Poem	分值	得分
Activities	4	
Rhyme	1	
Feelings	3	
Language	2	

附：学生学案

Unit 14 Ⅰ remember meeting all of you in Grade 7. (Section A)
Period Ⅱ "I remember".

Ⅰ. Draw a thinking map about the poem, including the activities of each stanza and the writer's feel about them.

Ⅱ. Additional Poems.

Results and Roses

The man who wants a garden fair,
Or small or very big,
With flowers growing here and there,
Must bend his back and dig.
The things are mighty few on earth,
That wishes can attain,
Whatever we want of any worth,
We've got to work to gain.
It matters not what goal you seek,
Its secret here reposes(依靠，信赖)，
You've got to dig from week to week,
To get results or roses.

A Forever Friend

Sometimes in life,
You are lucky enough to have a special friend.
When you're down,
and the world seems dark and empty,
Your forever friend lifts you up in spirits and makes that dark and empty world suddenly seem bright and full.
Your forever friend gets you through the hard times and the sad times.
If you turn and walk away,
Your forever friend follows.
If you lose you way,
Your forever friend guides you and cheers you on.
Your forever friend holds your hand and tells you that everything is going to be o-

kay.
And if you find such a friend,
You feel happy and complete,
Because you need not worry,
You have a forever friend for life,
And forever has no end.
What can you learn from this poem? _____
Ⅲ. Creative writing: Write a poem on your own.

_____
_____
_____
_____
_____
_____

第二节　多维联动教学法初中案例分析

一、树立基于学生学科核心素养提升的教学理念

根据"英语学科核心素养"提出的要求，在多维联动课堂教学中，在语言能力方面，主要培养学生围绕特定话题进行听、说、读、写、展示的能力；在思维品质方面，培养学生以思维导图的形式分析、归纳、概括、表达的能力；在学习能力方面，通过搭设台阶、创造情境、小组合作、分享交流的形式，鼓励学生主动参与，激励学生自我发现并归纳语言规律，借助语篇，实现知识的有效迁移；在文化意识方面，以话题为载体，通过理解、交流、感受，激发学生表达和体验的愿望，并将其展示出来。例如在 Unit14（Section A）3a 的教学中，笔者让学生在学完课内外诗歌后，以诗歌的形式将"回忆难忘的学校生活、同学之谊、师生之情"展示出来。

下面是本节课结束时两名学生的诗歌作品。

I like 101 童艺伦（这是一首藏头诗）

I remember how I became addicted to my school.

Lakes are clean and grass is green.

I know our dreams start here.

Kicking football is the most exciting.

Eager to absorb knowledge, so thanks to the teachers' help.

Once we struggled, but finally we are successful.

Oh, my lovely school, give me one more time please.

One more time to fall in love with you!

Forever friend 傅新然

I have a forever friend

Who always cheer me up when I'm sad.

She's like the sun in the cloud

Who is always standing by my side.

She lifted me up

When I was about to give up.

We've been through so many things.

Now I just want to say thanks to my dearest friend.

在第一首诗中,学生以藏头诗的形式表达了对校园内一草一木、学生活动、师生情谊的眷恋与不舍之情。在第二首诗中,学生很好地运用了押韵的手法描写同学之情。

二、融入以学生为中心的生态智慧课堂教学模式

多维联动课堂教学中的阅读活动阶段要体现以学生自主阅读为主,所设计的活动以培养学生的阅读素养为目标,包括思维能力的发展、阅读策略的培养、文化意识的形成和表达能力的生成。可以采用如下活动:览读以了解诗歌的大意、捕捉具体信息并将信息图表化,记录诗中每个章节的要点或具体信息,勾画文章的结构,回答事实性问题[如在 Unit 14（Section A）3a 的教学中,作者参与的初中三年活动],回答推理性问题[如在 Unit 14（Section A）3a 的教学中,作者对初中三年的活动的感受],根据上下文推测词义。让学生以思维导图的形式呈现,并在此基础上,围绕阅读话题,以小组活动和班级展示的形式让学生进行表达。

写作阶段以培养学生的创新能力和迁移能力为目标,激发学生口头上和笔头上表达思想和观点。如在 Unit 14（Section A）3a 的教学中,为了达成让学生谈论他们对初中三年难忘生活片段的回忆,笔者采用了课本诗歌阅读材料和两篇补充诗歌阅读（语言输入）的方式,从单句到文段（语言内化并输出）,提高学生在真实情境下运用语言进行诗歌创作的能力。

在多维联动的教学过程中,培养学生学习的迁移能力尤为重要。教师的任务

设计要层层铺垫，实现螺旋式上升，以确保教学内容的连贯性和系统性。语言学习是通过各种活动达成的，不是教会的。在多维联动课堂教学设计上，教师要明确以下三点：

（1）教学活动的目标要明确，即在设计教学活动时，必须以培养学生的学科核心素养为目标，而不能为活动而活动。

（2）教学中要注重挖掘学生的潜能，为学生创建思维和表达的时间和空间，引导学生走上自主学习之路。

（3）教师自身的学科核心素养发展相当重要。教师不仅要有知识，还要有教知识的知识；不仅要会教，还要讲究教的艺术性。教师专业化发展需要终身学习。

三、助推学生有效挖掘文本优势的自主学习探究

教师要注重学生对文本的深刻理解，引导学生通过运用获得的语言知识及技能来领悟隐藏在文本字里行间的深层含义，分析作者的态度，批判地吸收不同的思想和观点，以此帮助学生获得新知识、建构新概念，体现阅读教学的育人价值。

如在 Unit 14（Section A）3a 的教学中，笔者引导学生进行有效挖掘文本优势的自主学习探究。笔者根据文本特点，选择了让学生自主设计思维导图的教学形式开展阅读，以促进学生阅读素养的发展。学生在设计思维导图时，教师先以诗中一个章节为范例，引导学生挖掘文体结构、真实情境、语言示范、人文体验等内容，并在图中展示出来，进而用语言表达出来。

从学生的思维导图作品来看，每个学生画出的思维导图都有极强的个人风格，因为活动是开放性的，每个学生的成果都是不同的。这个步骤既包含学生与诗歌作者的对话过程，又将学生自己的思维轨迹用图表的方式显性地呈现出来；既将理解和表达结合在一起，又将对所读内容的内化和输出结合在一起。

图 2-2 是两名学生绘制的思维导图。

四、建立以学习效果为核心的多维联动评价方法

笔者在课堂上鼓励学生根据阅读内容进行各种思维活动，激发学生将所读的内容与自己的经历、知识、兴趣和观点相联系。在学生创作诗歌之前，笔者引导学生再次回归文本，要求他们找出诗歌中押韵的单词，从而把握诗歌的写作要求。接着笔者为学生补充《硕果和玫瑰》《朋友》两首诗歌，以激发学生的写作灵感。围绕"初中生活的回忆"的主题，除了写朋友，笔者提示学生还可以写老师及校园生活等。笔者只给出了一些描写老师的形容词，让学生口头谈论喜欢

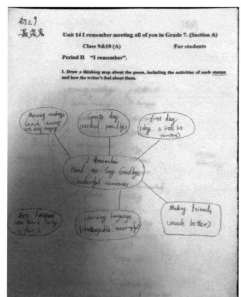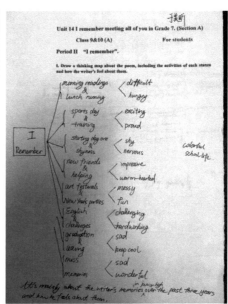

图 2-2 两名学生绘制的思维导图

的老师。笔者一步步拆除写作支架,且写之前的铺垫始终围绕着单元的主题。有了形式、内容、语言多方面的准备,学生创作诗歌时很顺利,虽然这个诗歌体裁的写作对于初中生来说并不容易。

笔者对学生阅读能力的评价比较合理,既有问题导向,又有活动设计,更有综合实践中的诗歌创作环节检验学生的阅读达成情况。具体包括:

(1) 对阅读质量的检查评估(提出问题,诗歌创作)。

(2) 对学生阅读过程表现的评估(解读自己创作的思维导图)。

(3) 依据阅读的材料进行口笔头的练习(复述,找出诗中发音相同的韵脚)。

(4) 将阅读信息与自身经历相联系(介绍自己难以忘怀的初中经历,诗歌创作等)。

图 2-3 为多维联动课堂教学中的阅读教学模型。

教师在多维联动教学中应避免对于写作比较单一的评价,如仅仅让学生到展台展示并朗读自己的诗作是不够的,课堂上还应进行有效的生生互评。课堂讲评是以表扬激励为主的,同学之间互相学习、共同进步的过程。在课堂写作教学中,教师还应及时收集、掌握学生的作品情况,并对学生的作品做出及时的评价,从而使教与学双方都获得多维联动教学中的第一手反馈信息,尤其可以帮助学生更具针对性地学习,从而使多维联动的教学方式发挥出更大效应。

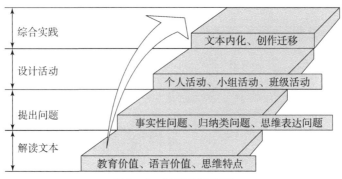

图 2-3 阅读教学模型

第三节　多维联动教学法高中案例呈现

Unit 2 Success

(《英语》(选择性必修第一册), 北京师范大学出版社, 2019 年 8 月出版)

一、指导思想

基于大观念的单元整体教学设计是指教师基于课程标准，围绕特定主题，深入解读、分析、整合和重组教材等教学资源后，结合学习主体的需求，搭建起的一个由单元大主题统领、各语篇子主题相互关联、逻辑清晰的完整教学单元，使教学能够围绕一个完整的单元主题设定目标，引导学生通过对不同单一语篇小观念的学习和提炼并建立关联，生成基于该单元主题的大观念。单元大观念是对人的一生产生深远影响的价值观，是能够持续深入地影响学生的性格、品性和行为表现的观念（王蔷等，2020）。

二、教材分析

根据《普通高中英语课程标准》修订的北师大版高中《英语》新教材（以下简称"新教材"）每个单元围绕核心主题，通过 Topic Talk、Lesson 1~3、Writing Workshop、Viewing Workshop 和 Reading Club 等板块中 10 篇左右的多模态语篇，为学生从不同角度探究主题意义提供了丰富的内容素材。根据课标的理念和课程内容要求，新教材为教师和学生提供了丰富的学习内容，不仅包括课标要求必须学习的内容，还包括一定量的辅助学习内容。这一方面是为了给学生提供一定的辅助学习素材或者自主学习资源；另一方面也是为了减轻教师寻找相关学习资源的压力。新教材每册书后的 Project、Literature Spot、Grammar Summary、Notes on the Text、Tapescripts，以及单元中的 Reading Club、Check Your Progress 等都是辅助学习内容，教师可以根据学生的学习需要选择在课上或课下使用。

三、单元教学内容分析

选择性必修单元"Success"（成功）指向"人与自我"主题语境中的"生活与学习""做人与做事"，主要涉及八个不同类型的语篇（如表 2-2 所示）。

表 2-2 "Success"单元教学内容

语篇	语篇类型（技能）	语篇内容	语篇主题
Topic Talk	对话（听力）	成功人士具备的能力和品质	成功的要素
Lesson 1 Money V. S Success	人物报道（阅读）	百万富翁 Jason Harley 的成功观及其人生选择	金钱不等同于成功
Lesson 2 Top Five Secrets of Success	演讲、访谈（听力）	运用成功人士的例子阐述成功的五个秘诀	获得成功的五个秘籍
Lesson 3 Getting to the Top	博客（阅读）	奥运冠军 Lesley Paterson 自述成功道路上作出的牺牲	成功背后鲜为人知的艰苦付出与牺牲
Writing Workshop A Life Story	记叙文（写作）	"铁榔头"郎平的成功经历	成功人士的经历和品质
Viewing Workshop Success Is a Continuous Journey	演讲（看说演）	成功分析师 Richard St. John 事业败落又重获成功的经历	成功意味着持续的努力和付出
Reading Club 1 Contribution and Sacrifice	人物传记（阅读）	科学家黄大年为中国科学事业作出的贡献与牺牲	个人成功要与国家发展紧密相连
Reading Club 2 The Importance of Failure	励志故事（阅读）	以 J. K. 罗琳、李安等名人失败经历阐述失败的意义和价值	失败是成功之母

基于对单元内容的深入研读以及对学情的分析，笔者对"Success"这一单元中各语篇的主题意义进行了整合，并根据各语篇意义之间的关联，提炼出学生的学习层次，从学生熟悉的各行各业成功人士及其取得成功的品质入手，引导学

生了解成功需要具备的品质,掌握成功的秘诀,明确个人努力的方向;通过多模态语篇多角度认识和了解成功,理解成功的内涵,从而树立正确的成功观(如表 2-3 所示)。

表 2-3 "Success" 单元整体教学目标

单元整体教学目标		语篇及课时
了解并学习他人成功的秘籍	描述自己心中的成功人士所具备的品质	Topic Talk (第 1 课时)
	总结交流获得成功的秘诀,举例说出个人认为最重要的一至两个秘诀并解释原因	Lesson 2 Listening: Top Five Secrets of Success (第 2、3 课时)
	交流对失败的认识,并举例说明个人的失败经历及启发	Reading Club 2 The Importance of Failure (第 4 课时)
多角度认识和理解成功	阐释并评价 Jason Harley 的成功观,表达自己对金钱和成功关系的看法以及对成功的新认知	Lesson 1 Reading: Money V. S Success (第 5、6 课时)
	描述黄大年为中国科学事业作出的贡献以及牺牲	Reading Club 1 Contribution and Sacrifice (第 7 课时)
	分享奥运冠军 Lesley Paterson 的心路历程,交流自己通过努力达成目标的经历和体验	Lesson 3 Reading: Getting to the Top (第 8、9 课时)
	学习 "Success Is a Continuous Journey" 这一演讲,并阐释自己对成功的认识	Viewing Workshop Viewing: Success Is a Continuous Journey (第 10 课时)
	介绍自己敬佩的一位成功人士,分享其令人敬佩的特质	Writing Workshop Writing: A Life Story (第 11、12 课时)
单元总目标:理解成功的内涵,树立正确的成功观;了解成功的方法和途径,明确个人为实现成功需要做的准备		

四、单元大观念流程图

单元大观念流程图如图 2-4 所示。

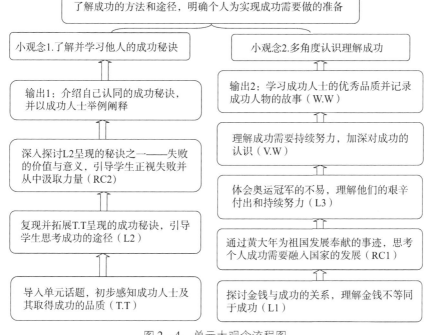

图 2-4 单元大观念流程图

五、教学内容分析

本教学案例涵盖小观念 1,旨在引导学生了解并学习他人的成功秘诀,包含 Topic Talk、Lesson 2 三个听力语篇以及 Reading Club 2 阅读语篇。其中,两个听力语篇在主题、文本结构、语言呈现方式上高度相似。因此,笔者基于单元学习目标,整合学习内容,引领学生从已有认知出发,通过关联式、递进式的学习活动,持续探讨成功人士的成功秘诀。

(一) 文本分析

1. What

Topic Talk 听力语篇以对话形式展开。Leo 在对话中具体介绍了他近期对成功要素所做的研究,发现成功的要素包括:热爱所做的事情、意志坚定、努力、心存感激、自信、保持积极心态、从失败中吸取教训以及专注。对话的双方分别提到了自己所敬佩的成功人物,中国首位女航天员刘洋和运动员刘翔,并讨论了他们成功的要素。通过对这些要素的学习和分析,学生初步感知本单元话题——成功秘诀,为接下来的听力语篇学习奠定基础。

Lesson 2 包含两个听力语篇。第一个语篇为演讲。演讲者讲述了热爱所做的事情、自信、努力、确立高远目标以及坚持不懈这五个成功秘诀，每个秘诀分别辅以一个著名人物成功的故事，包括农学家袁隆平、商界精英马云、世界首富比尔·盖茨、世界顶级网球运动员德约科维奇以及作家 J. K. 罗琳。第一个秘诀以袁隆平院士为例，他长达 50 年全身心投入高产水稻的研究，为去除饥饿、促进世界和平及社会发展作出了不可磨灭的贡献，诠释了"热爱"的真谛。第二个秘诀，自信。以马云为例，讲述了马云在深受质疑的情况下，依然坚持自己的信念，最终建立起世界最大的电子商务公司，改变了人们的生活方式。第三个秘诀，努力。以比尔·盖茨为例，他在青少年时期就在基础电脑的研究方面投入了过万小时的时间，为他在 20 岁时建立微软公司奠定了基础。第四个秘诀，设立高远的目标。德约科维奇 5 岁便立志要做世界上最好的网球运动员。在 20 岁时他连得三个世界冠军，成为世界排名第一的网球运动员。第五个秘诀，坚持不懈。《哈利·波特》在出版前曾被 12 家出版社拒绝，即使不被看好，作者 J. K. 罗琳依然不放弃努力，最终成为全球最受欢迎的儿童读物的作者。

第二个听力语篇为对话，分享《成功的秘诀》这本书提到获得成功的三个重要方面：为成功做好准备、通过积极心态培养出好习惯、采用提高日常效率的方法。

Reading Club 2 为议论文，以 J. K. 罗琳、乔布斯、李安等人的失败经历为例，分析他们在面对失败时共性的态度及行为，阐述失败的宝贵价值，即失败可以让人摆脱成功带来的束缚与压力，跳出舒适区，另辟蹊径，寻找成功的机遇；同时失败让人更为坚毅，更有勇气和毅力面对挑战。文本从内容上将 Topic Talk 和 Lesson 2 中的成功秘诀之一"不怕失败"，通过名人案例进行深入的分析与阐述。

2. How

Topic Talk 听力语篇虽以对话形式展开，但是文本结构与 Lesson 2 的听力语篇高度相似，都包括成功的秘诀、以成功人物的案例来说明该秘诀。语篇中涵盖了成功秘诀、成功要素方面丰富的词汇和表达，比如在描述成功秘诀时，使用祈使句，多用形容词与动词词组，如：passionate, determined, focused, work hard, learn from failure, believe in yourself 等。文本逻辑结构清晰，使用 first, also, for example 呈现。为引起听者共鸣，启发学生思考，句式上使用了 If you want to be successful, you really need to be... 和 You also need to... 等表述。

Lesson 2 的第一个听力语篇是演讲，文本为结构清晰的说明文，通过一个名人事例讲述一个成功秘诀，共由五部分组成，每部分里包含成功秘诀、代表人物、该人物的成就以及与成功秘诀相关的细节信息。演讲开头使用 Are you ambitious? Do you want to be successful 引起听众兴趣，通过列举事例 take... for example，… is a good example；列举数字 spend 10,000 hours working on…，didn't listen to negative comments from the 12 publishers who rejected her books 等让人更为信服的表述。语篇主要使用一般现在时和一般过去时。在描述成功秘诀时，使用祈使句。在描述代表人物及其实践成功秘诀的途径时，使用了一般现在时。

Lesson 2 的第二个听力语篇以对话形式展开，Ann 用 first, second, thirdly 序数词陈述自己的读书心得，每条心得后用 for example 或 such as 举出实例说明，逻辑清晰，条理分明。Bob 使用表示感兴趣的表达法礼貌回应 Ann 的问题。

Reading Club 2 语篇结构清晰，通过成功人物的失败经历、对失败的态度以及从失败中汲取的力量，揭示坚毅这一品格的重要性。文章使用 but, however, yet 对比成功人士失败前后的变化。语言围绕和失败相关的表达展开，如 setback, was fired from, was bitterly disappointed, was rejected, a total disaster, prevent sb from doing, with sb's encouragement and determination, efforts paid off 等。文中还使用了强调句型"It was this experience that helped her to succeed"和主语从句"What Gates learned from this experience helped lay the groundwork for the global success that is now Microsoft"等来凸显失败的重要性。

3. Why

作者希望学生通过听力语篇的学习，了解成功的方法、秘诀、途径以及成功人士的努力与理想，促进学生深入思考怎样获得成功，激励学生志存高远、脚踏实地、努力拼搏，实现自身价值。

通过拓展阅读 Reading Club 2，认识到失败的价值。文章结尾处谈到"我们学会处理失败，便能学会如何成功"，激励学生正视失败，从失败中吸取经验，勇往直前，提升逆商。

（二）**教学目标**

本部分内容结束时，学生能够：

（1）获取听力语篇中有关成功秘诀的相关信息：成功秘诀、代表人物、具体细节等。

（2）根据表格复述语篇中成功秘诀的具体内容、代表人物及其贡献等，表达自己对成功秘诀的看法及其原因。

（3）阐述一个成功秘诀，并用代表性人物以及相关信息说明。

（4）联系个人生活，结合听力内容，谈论自己对于如何取得成功的看法、已经或是准备采取的具体行动。

（5）概括、描述、分析"失败的重要性"一文的主题及文章结构，并表达对"失败与成功关系"的看法。

(三) 主要学习活动

1. 学习理解类活动

第一步，围绕主题创设情境，铺垫语言。

教师创设情境，提出问题："What do you think are the keys to success? Why?" 学生思考讨论并阐述理由，从而在语境中激活与 keys to success 相关的词块。

第二步，获取、梳理、概括、整合信息。

①学生阅读听力背景信息，提取听力一类型（对话），快速浏览听力表格预测第一段听力内容，通过听获取主要内容。

②学生阅读听力背景信息，提取听力二类型（讲座）及题目 Top five secrets of success，依据听力表格中典型信息预测相关内容，通过总分式听力梳理并整合细节信息，熟悉并内化与"成功秘诀"相关的语言知识和表达方式，通过表格梳理文本结构，逐步形成结构化知识。

③学生阅读听力背景信息，提取听力三类型（对话），并预测相关信息。依据问题，进一步丰富与"成功秘诀"相关的表达，不断完善结构化知识。

2. 应用实践类活动

第三步，实践与内化所获得的语言知识与文化知识。

学生依据所梳理的表格内容和提炼的结构化知识，运用所学习的固定搭配或语言表达方式，采用两人问答或对话的形式，描述并阐释讲座涵盖的成功秘诀（听力一、二、三）及相关信息，内化所学语言知识与文化知识。

第四步，基于主题与内容进行分析，表达个人观点。

①学生提出成功秘诀中个人最认同的内容并补充相关事实信息。

②学生反思个人行为，提出个人最想学习并实践的成功秘诀，并分析原因。

③学生补充成功秘诀及相关事实信息。

3. 迁移创新类活动

第五步，分析评价语篇的意义与形式。

①学生讨论听力语篇中演讲者、阅读语篇中作者的观点，分析并讨论语篇特点。

②学生对语篇中涉及的成功秘诀作出自己的评价。

第六步，在新的语境中开展想象与创造，运用所学语言，分析问题、解决问题。

①设置情境：你将要参加初中某班有关成功的交流会并发言。请介绍个人认同并已经实践的成功秘诀，并通过成功人士的相关信息举例阐释，并谈一下个人实践中的所思所悟。

②将你选择的成功秘诀与班内其他同学分享，通过全班交流，提升对成功秘诀的思考与理解。

六、学情分析

（一）学习风格与特点

笔者的教学对象：北京一零一中学高二（10）班。该班英语起点较高，经过一年多的学习，他们逐渐养成了良好的英语学习习惯，如使用信息结构图梳理文本，同伴活动和小组活动等，有较好的用英语表达的欲望，喜欢较有挑战性的课堂。一年多来，通过多维联动的教学实践，他们在阅读和表达方面有了很大进步。

（二）学生已有知识和能力

学生在高一年级必修二第六单元"the admirable"中学习过屠呦呦、孙中山、马丁·路德·金等中外伟人的事迹，因此从语言能力方面来说，学生对使用英语描述人物，分析其让人钦佩的品质方面有一定的基础。

从文化意识的角度，学生对于当代中外成功人士有一定的了解，比如本文提到的比尔·盖茨、J. K. 罗琳等，但对其成功的秘诀及艰辛的奋斗过程，存在一定的空白。因此，本文也为培养学生理解"成功秘诀"、树立拼搏意识提供载体。从思维品质的角度来说，文本逻辑清晰，为学生表达提供了范例。从学习能力的角度，学生通过教师单元整体教学设计，体会单元学习内容的连续性对语言能力和思维品质融合发展的积极作用。学生通过"成功秘诀"内容的学习和讨论，提升对主题意义的理解。

七、教学过程

教学过程如表 2-4 所示。

表 2-4 教学过程

教学目标	教学活动及互动方式	设计意图	活动层次	效果评价
【Period 1】 1. 获取听力语篇中有关成功秘诀的相关信息：成功秘诀、代表人物、具体细节等	Activity 1. 引导学生分享背景知识，激发学习兴趣。 The teacher asks students questions. What is success? What do you think are the keys to success? Can you illustrate it by taking a successful person as an example?	1. 了解学生相关背景知识； 2. 引起学生注意与兴趣，导入本课话题	感知、注意	学生能够分享已知知识

续表

教学目标	教学活动及互动方式	设计意图	活动层次	效果评价
	Activity 2. 了解第一段听力任务，记录、梳理信息，口头汇报。 The listening asks students to read and get the theme of the first listening material, fill in the missing information according to the table and share in pairs. 1. 1st listening. What is the theme of the dialogue? What are the secrets mentioned in it? 2. 2nd listening. Fill in the missing information. 3. What are the features of words used to describe keys to success in this dialogue?	1. 引导学生明确听力主题； 2. 带领学生初步感知文本结构； 3. 引导学生梳理文本基本信息	获取、梳理、概括、整合、描述、阐释	学生能够提取有关成功秘诀的相关信息：成功秘诀、代表人物、具体细节并向同学进行口头汇报
2. 根据表格复述语篇中成功秘诀的具体内容、代表人物及其贡献等，表达自己对成功秘诀的看法及其原因	Activity 3. 根据已有信息预测第二段听力主要内容，记录梳理信息并口头汇报。 1. What are these successful people's achievements? What are their secrets of success? 2. 1st listening. Check predictions and fill in the missing information. 3. 2nd listening. Finish the table according to secrets, representative figures, supporting facts and achievements. 4. Check and practise in pairs and report in class. 5. Which secrets do you agree with most and why?	1. 通过预测，铺垫听力文本中的词汇，并试填相关信息； 2. 通过总分式听力，梳理概括主要内容； 3. 依据表格，描述演讲主要内容； 4. 表达个人对成功秘诀的看法及其原因	梳理、概括、整合、描述、阐释	学生能够梳理、整合五个成功秘诀的具体内容、代表人物及成就并向同学进行口头汇报，能够表达个人对成功秘诀的看法及其原因

续表

教学目标	教学活动及互动方式	设计意图	活动层次	效果评价
	Homework for Period 1： 文段仿写——你最认同的成功秘诀及其原因，请以代表人物为例说明	复习巩固课堂所学	描述、阐释、内化、运用	学生能够内化运用语言、结构，表达个人看法
【Period 2】 3. 阐述一个成功秘诀、代表性人物以及相关信息	Activity 4. 分享展示，迁移创新（说和演）。 学生分享作业收获，并尝试为主讲人增添一个成功秘诀。 Ss share their most approved secret and share it in class. Can you add a new secret to her talk?	1. 引导学生分享观点； 2. 引导学生增加一个秘诀，培养学生解决问题的意识和能力	内化、运用、迁移、创新	学生能够通过小组分享与讨论，在新情境中运用语言和结构
4. 联系个人生活，结合听力内容，谈论自己对于如何取得成功的看法以及已经或是准备采取的具体行动	Activity 5. 听第三段听力并回答有关成功秘诀的问题，将其补充到已有成功秘诀的信息表格中。 1. Listen to the conversation. Add more tips on how to be successful. 2. What tips or secrets of success mentioned in listening materials you would like to put into practice right now or have put into practice? Why?	1. 继续完善对成功秘诀、如何成功的表达； 2. 联系个人实际，思考能学习和实践的成功秘诀	获取、描述、内化、运用、迁移、创新	学生能够丰富有关成功秘诀的知识，并联系自我，积极行动
	Homework for Period 2： 文段写作——你将（已）践行哪条秘诀？为什么？（有何收获） 观看 J. K. 罗琳在哈佛大学的演讲并记录演讲主题和主要内容	1. 复习巩固课堂所学； 2. 观看视频，获取主要信息，为下课时做好铺垫	描述、阐释、内化、运用、获取、梳理	1. 学生能够内化运用语言、结构，表达个人看法； 2. 学生能够获取演讲主要信息并感受演讲现场氛围，思考原因

续表

教学目标	教学活动及互动方式	设计意图	活动层次	效果评价
【Period 3】 5. 概括、描述、分析"失败的重要性"一文的主题及文章结构并表达对"失败与成功关系"的看法	Activity 6. 文本阅读，梳理信息，展示汇报（读和说）。 1. 学生通过思维导图梳理文本结构，阐述作者观点并做口头汇报。 What theme did J. K. Rowling present in her speech? 2. 通过再次阅读，梳理成功人士失败案例及其重要性并在小组内交流，然后班级展示。 What message does the writer convey in the article? How? Talk about what kind of failure the people in the text experienced and why failure was important to them respectively. 3. 深入思考，并表达对坚毅这一品质的认识。 What is "grit" and why is it important? How can we become "gritter"?	1. 与学生分享演讲内容； 2. 引起阅读兴趣； 3. 带领学生梳理文本结构； 4. 梳理描述主要信息并口头输出； 5. 总结案例共性，并在理解中形成逆商是成功的秘诀之一	获取、梳理、概括、整合、描述、阐释	学生能够从文本中提取失败的重要性的案例及启示，并做口头汇报
	Activity 7. 学习讨论，推理论证。 学生根据文本学习讨论，论证观点。 Do you agree with the saying "Failure is the mother of success"? Why?	引导学生将所学结构与知识运用迁移到论证中	内化、运用、推理、论证	学生能够运用案例、名人名言等论证方法论证失败与成功的关系
	小观念 1 作业	综合小观念 1 内容，在学习中不断完善对小观念的机构化知识		

附学生学案（部分）

Unit 2 Success

Ⅰ. Topic Talk

Listen to the dialogue and share the information.

Theme of the dialogue _____

Keys to success	Examples	Supporting details
1. _____ 2. _____	Liu Yang, an astronaut	China's first female astronaut _____
3. _____		_____ what you have and _____
4. _____	Liu Xiang, the track athlete	Despite many injuries, he _____

Ⅱ. Lesson 2

You are going to listen to a talk called "Top Five Secrets of Success".

Before listening, predict the possible secrets of success for the representative figures listed in the form.

Listen and check your predictions. Then write down the five secrets you hear in the first column.

Listen again and complete the supporting facts along with the five figures' achievements. When you finish, check with your partner.

Secrets	Representative figures	Supporting facts	Achievements
1	Yuan Longping, the father of hybrid rice	For more than 50 years, he has _____	His research has not only helped China find a way to remove hunger but also _____
2	Ma Yun, the founder of Alibaba	... everybody thought he was crazy. _____	Alibaba has not only become the biggest online sales company _____
3	Bill Gates, one of the founders of Microsoft	For about five years when he was a teenager, _____	His hard work gave him a big advantage over other people and _____

续表

Secrets	Representative figures	Supporting facts	Achievements
4	Novak Djokovic, one of the best tennis players	At the age of five, Novak Djokovic decided he didn't want to be _____	Djokovic, aged 24, won _____
5	J. K. Rowling, author of *Harry Potter*	J. K Rowling didn't listen to the negative comments _____	… for the last ten years, J. K. Rowling has been the author of _____

Ⅲ. Listen to the conversation. Use a mind map or a graphic organizer to write down more tips on how to be successful.

Ⅳ. Paragraph writing

Which secrets have you practiced in your life? What benefits have you got from it?

_____
_____
_____
_____

Ⅴ. Watch J. K. Rowling's speech in Harvard University and take down notes.

Topic of the speech _____

Main idea of the speech _____

_____

第四节　多维联动教学法高中案例分析

一、单元整体教学设计，指向核心素养发展

单元整体教学设计是指教师基于课程标准，围绕特定主题，深入解读、分析、整合和重组教材等教学资源后，结合学习主体的需求，搭建起的一个由单元大主题统领、各语篇子主题相互关联、逻辑清晰的完整教学单元（王蔷等，2021）。这就需要教师基于《普通高中英语课程标准》的要求和教材单元主题，整体解读单元内主要的多模态语篇，提炼其主题意义，梳理教材单元逻辑。教师可以对教材单元中多模态语篇的内容及其主题意义进行整体解读，分析教材单元内容的逻辑、语篇间的关联。本单元主题为"Success"，通过分析、整合单元内

各语篇的主题意义，建立语篇间的逻辑关联，并依据学生的学习层次、学习逻辑，确立了由学习成功人士成功秘诀及成功品质入手，引导学生了解成功需要具备的品质，掌握成功的秘诀，明确个人努力的方向；继而通过多模态语篇，多角度认识和理解成功及其内涵，从而树立正确的成功观。

二、高效利用同一形式学习活动，深入探究主题意义

要实现单元教学的整体性，促进学生多维素养的融合发展，单元学习活动形式和内容的延续性很重要。在单元教学中，连续利用同一种形式的活动能够保障学生在语言能力上持续、深度的发展（李宝荣，国红延，2022）。

"成功"这一主题既有大众化的理解，也有学生个体的解读。本单元语篇类型丰富，内容多元，贴近学生。单元主题意义的探究是要根据学生认知发展和心理发展的特点，从学生的角度出发，在学生的主动探索中不断呈现的，而非概念化的、模板化的定义。因此，在学习伊始，教师以听力文本中成功秘诀为切入口，从学生耳熟能详的榜样人物的身上提取具体策略，有助于学生迅速进入主题情境，将成功人士的秘诀与个人对接。比如：Topic Talk 听力文本中谈到的秘诀 "be passionate and determined about what you do, work hard, believe in yourself and to be grateful, learn from failure" 与第二课听力文本的五个秘诀 "be passionate, be confident, work hard, set your goal high, keep trying" 紧密关联，互为补充；在听力语篇结构上也有诸多相似之处，比如两篇听力文本都采用了秘诀—代表人物—具体内容—代表人物成就的叙述方式。鉴于此，在学习活动的设计上，笔者采用了同一表格形式（见上节学生学案），引导学生提取特定信息，在两个语篇间建立关联，便于学生利用已知推测未知，同时通过相似结构促进学生内化应用，帮助学生构建学习内容中的逻辑表述与结构化表达。这样的设计有助于学生更好地理解为什么这些成功秘诀为人所称道，帮助学生在学习和理解语篇的基础上，将个人成长与未来成功有机地梳理和关联起来。基于此，笔者在小单元的后续学习中，结合学生生活中的挫折与失败，通过视频语篇和阅读语篇"失败的重要性"引导学生深入分析从失败中学习，不惧怕失败这一秘诀，在学生与文本的互动关联中，与自我发展结合，体验成功人士的失败历程，探究失败给予个人的借鉴意义，理解坚毅这一品质的重要意义，通过反思不断帮助学生理解失败与成功之间的对立统一关系，也为第二个小单元的学习打好基础，做好准备。

三、多维联动融合发展，促进结构化知识建构

在单元教学中，结构化知识需要从各个角度和不同层次对主题展开阐述并建

构逻辑关系的过程中逐渐形成（赵东亮，2021）。教师要帮助学生对繁杂的知识进行简化概括，在知识之间以及知识与语言之间建立起有机关联，为内化知识和连贯表达奠定基础（马黎，2021）。学生单元学习的过程是不断从语篇当中汲取语言知识和文化知识，形成主题结构化知识的过程。因此，为了帮助学生围绕单元主题建构结构化知识，教师首先应该关注多个语篇之间的关联并合理确定整合逻辑，从而为单元教学奠定学习起点，不断突破单元教学的难点。

单元起始内容应接近学生生活，易于学生入境。成功秘诀这一内容从学习的角度来说易于理解。从文本分析的角度来看，Topic Talk 中的第一个听力语篇也是采用成功品质（秘诀）、案例的方式展开，与 Lesson 2 的第一个听力文本高度类似。因此，笔者将 Topic Talk 和 Lesson 2 整合处理，以帮助学生形成单元整合性学习的意识，并通过整合，促进语言知识与文化知识的结构化知识建构（如图 2-5 和图 2-6 所示）。

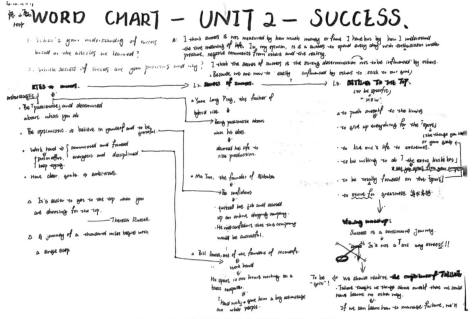

图 2-5　单元结构化知识图（陈小磊）

紧密关联、交叉循环的学习理解和应用实践及迁移创新的单元学习活动有助于学生在教师的引导下，通过"听、说、读、写、看、演"在单元教学中的交叉循环实施，从已有认知出发，融入单元多模态语篇的学习、内化与应用，不断建构单元主题意义探究的路径。

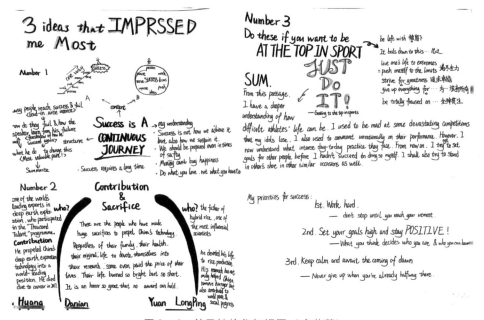

图 2-6 单元结构化知识图（高艺萱）

本单元的第一个小单元学习，聚焦成功的品质及秘诀，以听力语篇为主要载体，通过听读看尤其是语篇输入（听、读、看）后及时输出（说、写、演），从而达到听、说、读、写、看、演在主题、内容、结构、语言知识与文化知识等方面的联动，共同促进学生核心素养的发展（如图 2-7 所示）。

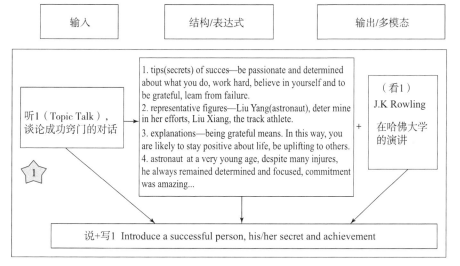

图 2-7 多维联动循环

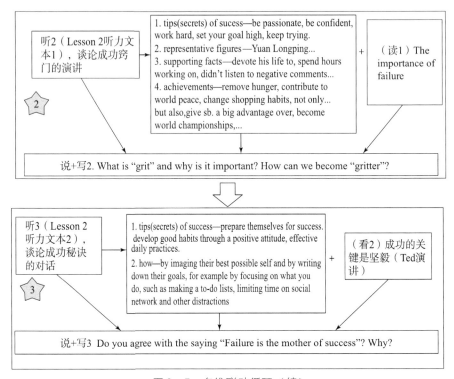

图 2-7 多维联动循环（续）

第三章
多维联动课程建构

第一节 多维联动"听读说"课程建构

2017年12月,北京中考英语首次听说机考顺利举行。北京市中考改革方案将英语口语考试首次纳入考试内容。口语从不考到考的变化,显示出教育部门对初中生综合语言运用能力的重视程度。笔者从2012年开始探索提升初中生自主听说能力的教学方法,并在初中英语听说教学中开始探索建构课外课程资源,开展培养初中生英语自主听说能力的教学研究。

根据《义务教育英语课程标准(2011年版)》对五级听说教学和培养初中生英语自主听说能力的要求,笔者以教材为依托,开发课外听说学习资源,通过帮助学生设定自主听说学习目标,选择自主听说软件和材料,督促学生完成自主学习任务,指导学生突破英语听说学习过程中存在的难点,搭建自主学习的交流平台,引领学生在初中阶段从被动学习转向自主学习,进而为进入高中、大学的学习乃至终身自主学习奠定基础。

一、以教材为依托,整合课程资源,培养学生的自主听说能力

(一)整合课内外课程资源

人教版英语教材,在每个单元都有一个口头表达和话题写作的内容,在深入挖掘教材文本内涵之后,笔者有意识地按照阅读理解教学的训练要求和方法,给学生补充一些与本单元话题相关的课外阅读和拓展训练,来完成口头表达和写作教学任务,从而实现"听、读、说"话题及其材料的联动教学。

例如,Book 4 Unit 5 What were you doing when the rainstorm came? 第一课时要求学生能够从听力文段中听出过去某一时刻正在发生的事情;学生能够用过去进

行时谈论和写出过去某一时刻发生的事情。从听力、阅读主旨的设问到文章细节的讨论及文章结尾的推断,笔者不拘泥于教材中听力任务的设置,而注重对听、读、说的整体理解和把握,为下一步的演讲和写作奠定基础。为了让学生在本节课能够正确地运用所学的语言知识,笔者增加了两个输入环节,同时加大信息输入与输出的强度(如图3-1所示)。

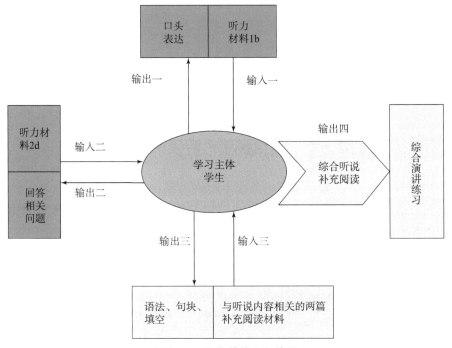

图3-1 语言的输入与输出

(二)"听读说"联动教学实践

语言表达能力是很难提升的,只有掌握听、说技能,才能真正运用所学语言。读和听是输入,说是输出,有足够的信息输入,才能有足够的信息输出。所以在培养听、读、说能力的课堂教学中,需要把听、读、说三种技能结合起来同步学习,使三者之间互为补充,又互相促进。

1. 说的方面

除教材上的要求,笔者还补充了有一定难度的说的任务。例如,让学生模仿天气播报员播报新闻;让学生小组合作,填表、问答并转述同伴在过去的某一时刻做了某事,以培养学生的口语表达能力。此外,教师为学生演讲创设情境,让学生运用听力和补充阅读中的目标语言,有条理、逻辑清晰地描述情境图片,培养学生的综合语言表达能力。

2. 听的方面

为培养学生在语音语调方面的基础语言技能，笔者嵌入了一个原版《迪士尼英语》动画片的剪辑和原版青春偶像剧 Hannah Montana 的视频、音频片段，让学生在课堂上边听边模仿，体会并感悟语法情境。

3. 读的方面

笔者补充了两篇课外阅读文章，其中一篇是根据《新概念英语》改编的内容，以培养学生口语表达的严谨性和逻辑性。

基于以上内容，建构课程资源，培养初中生英语听说能力是从学生实际生活经验出发，按照学生的认知水平和能力，由易到难，逐级铺设台阶，合理整合教材、安排教学内容。学生通过多种课堂学习方式，特别是"听、读、说"联动教学方法，运用一定的学习策略，最终完成系统的任务链，达到学习掌握并运用语言的目的。

二、以兴趣为导向，开发课程资源，培养学生的自主听说能力

（一）语音语调的学习是培养初中生英语自主听说能力的基础

语音是语言教学的重要内容之一。自然、规范的语音和语调将为有效的口语交际奠定良好的基础，对学生培养语感，提升学习动力与信心大有裨益（教育部，2022）。学生刚入学，笔者就会利用自编的十讲语音教程，培养学生的语音、语调、连读、重音、吞音、失去爆破等基础语言技能。语音教程讲义内容包括音标学习、配套学习含有该音标的教材词汇、含有所学音标的绕口令、学唱英语歌曲等。前两项内容旨在练习该音标的发音，并识读含有该音标的词汇；学习含有所学音标的绕口令，目的是练习该音标，并进一步练习连读、失去爆破、升降调等语音技能；学唱英语歌曲，旨在培养学生的语音综合能力。语音教程帮助学生在日常生活会话中做到语音和语调的正确、自然、流畅；根据重音和语调的变化，理解和表达不同的意图和态度；根据读音规则和音标拼读单词。以如下前元音讲义为例，音标学习的过程也是学生练习、熟读教材词汇的过程。幽默风趣的绕口令让学生在语境中持续练习前元音并试着拼读、认识单词。

Ⅰ. 英语音标学习——前元音

/iː/ eat bee feel he feet me pea sea heat

/ɪ/ it big listen fit hill sit hit

/e/ bed bread pen beg get wet tell bet lesson

/æ/ match and cap black bad cat hat bag catch

Ⅱ. 朗读下面的绕口令

1. A cheap sheep is cheaper than a cheap ship.

一只便宜的绵羊比一艘便宜的船更便宜。

2. Bill was beating a big beast with his big fist, and his big fist was badly bitten by the big beast.

比尔正用他的大拳头打一头大野兽,但他的大拳头被这只大野兽狠狠地咬了一口。

3. Ted sent Fred ten hens yesterday so Fred's fresh bread is ready already.

特德昨天给弗莱德送去了十只母鸡,所以弗莱德的新鲜面包已经准备好了。

4. Whether the weather be fine or whether the weather be not.

Whether the weather be cold or whether the weather be hot.

We'll weather the weather whether we like it or not.

无论晴天或阴天,无论是冷或是暖,不管喜欢与否,我们都要经受风霜雨露。

5. A fat fat cat catches a fat fat rat.

一只大肥猫抓住了一只大肥老鼠。

6. Can you can a can as a canner can can a can?

你能够像罐头工人一样装罐头吗?

(二) 音频、视频的学习是培养初中生英语自主听说能力的动力

1. 听歌学英语

歌词是诗的语言,言简意赅,节奏明快,铿锵有力。学歌词就是最有效的语音练习。唱英语歌讲究咬词、吐字清晰,以字带唱,并需要吞音、连续等语音知识,这就需要歌唱者特别注意语音、声调。如儿童歌曲 *Spring Has Arrived* 和圣诞歌曲 *Silent Night* 就是练习双音节的特别好的歌曲。笔者指导学生通过听读、模仿、重音、重读、连读、节奏等练习,使许多语音难点都得到了训练,语音语调的学习能力也会得到提高。学生在笔者的引领下,逐渐能在网络平台上自主选择自己喜欢的英语歌曲,并通过"唱吧"APP 唱出来,发至班级微信群或在班级进行才艺展示,真正走向自主听唱之路。

2. 观看英语教学电影

利用原声外语电影、电视剧、视频节目等学习材料,进行口语、听力、词句等方面的学习,泛称为"看电影学英语"。如剧本(字幕)文字的学习、对话复读、对话听写、角色扮演等。原声电影内容丰富多彩、人物口音各异、语言环境真实,非常有助于练就一口地道的英语口语。笔者利用早读时间播放的视频有《迪士尼英语动画片》,美剧《少年魔法师》、*Hannah Montana* 等。学生从硬着头皮看电影到边看电影边研读剧本,再到借助电影配音等进行学习并模仿语音、语调,最后编写剧本并进行展演。

（三）《典范英语》的听读学习是培养初中生英语自主听说能力的催化剂

《典范英语》是一套英语母语学习材料，全球有一百多个国家将它作为外语学习教材。这套教材内容丰富有趣、贴近学生生活，初中生在阅读中可以轻松愉快地学会地道的英语。笔者将《典范英语》作为课程资源，与课堂教学模式研究结合起来，以《典范英语》开发为突破点，以教学模式研究为落脚点，掌握相应的课程资源，获得改进教学的动力，从而改变教学行为，转变思想观念。笔者在课上教授《典范英语》时，语法讲解少了，强调朗读、角色扮演、讨论人物性格、讨论故事的情节发展、复述故事、角色扮演等多了，笔者深深地体会到教师教学行为的改变，最终为学生综合素质发展奠定了良好的基础。

例如，《典范英语》"Bertha's Secret Battle"这一课有一个教学环节，笔者让学生阅读故事，并画一幅思维导图，之后，两个学生一组，互相解释自己的思维导图，再选一些学生到讲台利用实物投影在全班进行分享；接着，全班再一起进行细读，分析人物特点、把握作者态度，学生讨论并形成自己的看法，这些环节为学生表达的品质、思考的深度做了准备。

《典范英语》为语篇教学，学生易学易懂。教师能够建构新的教学模式。学生逐渐在信息提取、音频模仿、内化吸收的基础上创新自己的语言，这些都为学生的自主表达奠定了坚实的基础。

此外，笔者通过《典范英语》的教学，培养学生的学习兴趣，提升学生听、说、读、写、看、演的综合语言运用能力；通过翻转课堂或部分翻转课堂的形式，引领学生逐步走上自主学习的道路。具体而言，笔者布置学生每周读一本《典范英语》故事书，要求学生课下熟练朗读故事，熟悉故事情节，把握故事的主题，思考故事的内涵等；笔者每周用一课时检查学生课前的阅读效果，学生通过看图复述或者根据自己绘制的思维导图复述故事情节，以此检查学生对故事的理解程度。学生通过课上讨论挖掘故事的深层含义，通过角色扮演培养运用语言进行交际的能力；课后学生通过缩写、续写等形式来巩固所学语言，实现语言的灵活运用并不断启迪学生的心智，提升学生的人文素养。

（四）手机英语 APP 的使用是培养初中生英语自主听说能力的交互平台

采用"听、说、读、写"联动的教学模式与自主学习等相关国内外研究成果，遵循初中生语言形成和发展的心理规律，结合我校的实际情况，笔者借助"盒子鱼英语"和"英语趣配音"APP，优化教学目标，鼓励学生自信、自主地进行英语交流。学生通过合作互助的学习活动，培养良好的听说习惯，感受语言学习的魅力，提升英语学习的效率。

"盒子鱼英语"作为在线英语教学平台，为学生提供丰富的在线英语课程。学生通过优质的视频课程学习英语，并通过人机互动、课堂互动来操练语言。例如，在讲发音时，可以用"盒子鱼英语"学习读音，并且讲授许多关于音标的使用规则。通过对比式训练、图片、声音、文字一体化教学和大量的练习，学生可以主动发现并掌握发音规律，建立声音与文字之间的联系。同班同学每天在"盒子鱼英语"的练习中能够相互查看排名并参与竞赛。

"英语趣配音"通过英语类视频在线配音的方式练习英语口语，软件集合了丰富的视频短片，为了让没有配音基础的学生快速掌握配音方法，软件视频中的每一句都配有字幕，学生可以一句一句地配音，学生在练习配音的同时，不知不觉提高了英语口语水平。教师每周都会给学生布置配音的作业，学生完成后发至班级微信群，师生共同评出班级十佳配音，然后发至家长群，供家长欣赏。

（五）英语报刊阅读的演讲是培养初中生英语自主听说能力的有效途径

Teens 按年级分为六个版本，非常适合中学生阅读；该报内容丰富，信息密集、贴近生活，趣味性强，包括青春校园、时事频道、奇妙世界、乐学地带、测试空间、文娱空间等方面，是学生在阅读的同时了解现代社会的良好途径。

为了使学生学有所获，笔者指导学生边看报纸边做阅读积累，每周检查学生的阅读笔记，并以此监督学生的阅读情况和进程。为了培养学生的自学能力，笔者要求学生每天精读一篇自己感兴趣的篇目，画出思维导图，归纳出文章大意，并写出自己对这篇文章的感受，课上将上述积累内容进行 PPT 演讲展示。丰富多彩、内容鲜活的报刊具有跨学科的特色，可帮助学生在轻松的氛围中学习和掌握地道的英语表达法、语言知识和文化常识，实现学科间的整合。这样，笔者把听、读、演讲有机地结合起来，使学生的口语表达的思想性更加深刻。

总之，开发课程资源，培养初中生英语自主听说能力的研究，旨在培养学生逐步走上自主学习的道路，引导学生能够相对独立地进行英语的听说交流，为全面提高学生的英语综合能力奠定坚实的基础。

第二节　思维导图与多维联动教学法

一、英语报刊用于教学国内外相关研究概况

在西方国家，报刊辅助教学（Newspapers in Education）开始于 1955 年，主要用于提高报纸在学校的运用价值，其目的是提高学生英语的阅读、写作能力以及时事掌握能力。教师用报纸作为课本在很多方面进行授课，如阅读、写作、历史、经济、语言、文化等，报纸被当作最容易更新、最廉价的教学资源，因此从幼儿园到大学的各个领域中都被广泛运用。随着报刊辅助教学在国际教育中的发展，它不仅加强了各个层面学生阅读报刊的良好习惯，而且还帮助教师提高自身

素质和教学水平，使教学方法多样化，教学方式多创意、多趣味性，成为教学过程中的一个机遇和挑战。

我国的 Teens 一直致力于英语报刊在大、中、小学的应用与研究，许多教师在进行英语报刊辅助教学模式的研究。英语报刊阅读教学向听、说、译、写等其他教学层面研究扩大和深入，同时得到了广大学校、学校教师和专家的支持。越来越多的国内外专家、教师在不断研究、总结英语报刊辅助教学时应注意的问题，从教学形式、内容、手段等各方面完善报刊教学。

Teens 分初一、初二、初三、高一、高二、高三共六个年级的版本，非常适合中学生阅读。该报话题包罗万象、文章通俗易懂、语言地道，这些阅读材料是学生经过努力便可以读懂的，是学生很好的课外阅读材料。该报具有以下优势：

（1）时效性。报刊每周一期，周期较短。这保证了阅读材料的"新鲜度"，从而避免了重复使用年复一年、过时的语言材料。

（2）实用性。报纸杂志时尚的内容能够满足学生的"猎奇"需求。文章题材广泛，包括了文学、体育、艺术、新闻等各种题材，集知识性与趣味性于一体，能提供足够的课外阅读材料。而且文章的长短、难易程度都能满足不同层次学生的需要，难易适中，梯度不同。此外，该报结合学生的兴趣特点、接受能力和表达能力，编排出适合中学生阅读的新闻、热点话题、文化、历史、现代科技等材料，因此学生的学习积极性和主动性都有了明显的提高。

（3）整合性。报刊具有跨学科的丰富多彩、内容鲜活的特色，可帮助学生在轻松的氛围中学习和掌握最新的、地道的英语表达法、语言知识和文化常识，实现学科间的整合。随着时代的发展，当下的 Teens 已经将语言技能中的"听"和"读"有效地整合在一起，更便于教师引导学生进行听、读联动的学习和实践。

二、多维联动教学法在报刊教学中的应用

多维联动教学法运用在报刊教学中，具体有以下三种形态："读说写"联动、"听说读"联动及"读看写"联动。"读说写"联动是指利用报纸资源，以阅读为主要输入活动，以说写为主要输出活动，在输入活动中，侧重学生思维可视化能力的培养，并且以思维可视化能力作为输出活动的基础。尤其是在起始年级的报刊课程中，"读说写"联动的教学方法对于学生语言、思维、文化的融合发展发挥着重要的作用。"听说读"联动是指精选报刊内容作为听力材料，培养学生听力技能诸如听后记录、听后概括主旨大意、听后复述等能力，"读"作为检验听能力的一种手段，特别适用于高年级学生听说考试训练。"读看写"联动是指以阅读为先，并根据阅读文本补充相应的看的"视频"供学生自主选择和使用，最后以写的方式呈现。这种方式主要考虑到报刊中较吸引学生的中外文化

交流板块,经常会介绍中外名著、经典电影、纪录片、文化热点等内容,但是由于字数有限,不能很好地满足学生个性化的需求,因此由教师或学生自主挖掘相关内容,以"看"的方式作为补充,既是学生拓展学习的好方式,也能帮助学生加深对主题内容的理解。

三、思维导图是多维联动教学法的有效辅助工具

思维导图又叫思维脑图或心智图法,它用非常形象直观的方法将与主题相关的知识用相互隶属于相关的层级图表表现出来,形成一个知识链,使我们的思维可视化,使知识直观化,是一种帮助我们思考和解决问题有效的工具,使学习者对学习内容一目了然。英语学习中,经常使用的思维导图有:气泡图(Bubble Map),即以核心词为中心,在环绕的气泡中分别阐述相关要点(如图3-2所示);树形图(Tree Map),即显示延展各个层级的图示,用来分组或分类的结构(如图3-3所示);括号图(Brace Map),即分析理解事物整体和部分之间的关系(如图3-4所示);流程图(Flow Map),即解释事件发生的顺序(如图3-5所示)等;双气泡图(Double Bubble Map),主要用来进行对比和比较(如图3-6所示)。

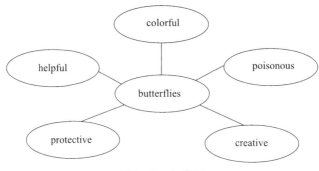

图3-2 气泡图

(一)思维导图在初中报刊教学中的应用

从2014年开始,笔者指导学生在展示过程中,绘制思维导图,培养学生提取、梳理核心信息的能力,学会在零散的信息和新旧知识之间建立关联,自主建构基于语篇的结构化新知;学生利用思维导图复述所读报纸文章的内容,巩固结构化新知(教育部,2022),同时便于没有看过该文章的学生理解和交流。

在教学实践中,教师将思维导图介绍给学生,并鼓励学生进行自主创造和利用,最大限度地辅助学生的学习与思考,帮助学生优化学习行为,提高学习能力。

第三章 多维联动课程建构

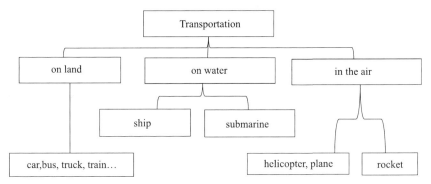

图 3-3 树形图

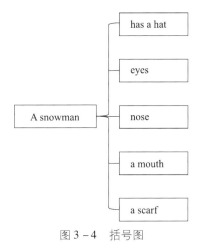

图 3-4 括号图

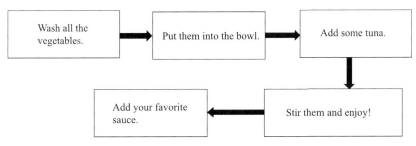

How to make tuna salad?
图 3-5 流程图

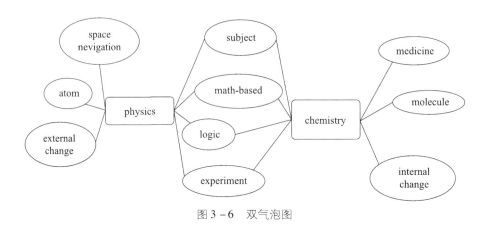

图3-6 双气泡图

学生可以不断运用,并进行个性化的加工,使之成为勾勒文本脉络、解读文本的得力助手。教师可以此为基础,一图多用,充分发挥思维导图或信息结构图在厘清文章逻辑关系、呈现主要信息的优势,设计说或写的任务,将读、写、说有效关联,提升学生依"文"构"图"、依"图"而"说"、依"图"而"写"的综合能力。

在处理相对较难话题、较长篇幅时,教师示范思维导图有助于帮助学生拓展思路,降低难度,师生之间的交流与碰撞有助于学生之后的个体学习与自主创造。下面以七年级报刊教学中教师导读为例。

- Building better toilets

We all use it every day. There is one in nearly every home. What is it? The toilet. A person will spend three years on the toilet in his or her life, the World Health Organization said. It's a big part of our everyday life. To make toilets in China cleaner and better, the Chinese government carried out a "toilet revolution(革命)" across the country starting in 2015. Over the last two years, the government spent 20 billion yuan to build or renovate(翻修)68,000 toilets in tourist areas, Xinhua News Agency said. Last month, President Xi Jinping said our country should do more to renovate these toilets—not only in cities, but also rural(农村的)areas. The government plans to build big, clean toilets in rural homes—more than two square meters large. The toilets will have walls, roofs, doors and windows. They may be flush toilets or dry toilets with underground storage tanks. Clean toilets for rural people are important for building a "new countryside", President Xi said. (190字)

- An obstacle in our path

There once was a very rich and curious king. This king placed a big stone in the middle of a road. Then, he hid nearby and waited to see what would happen.

The first people to pass by were some of the city's richest businessmen. Rather than moving the stone, they simply complained and walked around it.

Next, a farmer came along. His arms were full of vegetables. When he got near the stone, the farmer put down his vegetables and tried to move the stone to the side of the road. It took a lot of effort, but he finally did it. The farmer picked up his vegetables and was ready to go on his way. Then he saw a bag on the road where the stone had been. The farmer opened the bag. The bag was filled with gold coins and a note from the king. The king's note said the gold coins in the bag were a reward for clearing the road for everyone to use. The farmer could have easily passed by the stone like everyone else. But he chose to be selfless and move the stone for others. And for this, he got a reward. （207字）

- Enjoy a smarter future

How will the internet change the world? Will we enjoy a smarter（更智能的） life in the future? These are hot topics these days. The fourth World Internet Conference （世界互联网大会） took place in Wuzhen, Zhejiang, from Dec 3 to 5. Many of the world's biggest Internet companies took part in it. They talked about how to build a future for our online world. The Internet can make our lives easier in many ways. The companies at the conference showed us some of their newest technology（技术）. Here are some examples. Let's take a look.

Lip reading

Machines can not only read faces. They can also read your lip movements. The Chinese Internet company Sougou has made lip reading technology. You don't need to speak aloud. The machine turns your lip movements into voice or text. This could be very useful if you are in a noisy place and people cannot hear you on your phone. Police can also use this technology. Sometimes they see criminals（罪犯） on city-monitoring（城市监控） cameras, but they don't know what they say. The lip reading technology can help with this.

Smart shoes

Your feet might hurt if your shoes do not fit you. This won't happen if you wear "smart" custom-made（定制的） shoes. The Xiemofang company brought a machine to the conference. The machine scans your feet. It records 39 parts of your feet. It even records how long each toe is. It also has a database（数据库）. The database has more than 10,000 kinds of shoes. You can choose the color and style. It also gives you suggestions for your choices. The suggestions are based on records of other people's feet. You can get your new shoes after 10 days.

Unmanned supermarkets

You walk into a supermarket, pick out your goods and go to check out. But there is no clerk. There is just a tablet(平板电脑) that says "please smile". When you smile, it gives you a discount. Your money goes from your Alipay account to the supermarket. You don't need to do anything. The Alibaba company has made this supermarket. When you go into the supermarket, it recognizes your face and your Alipay account. It also recognizes your facial expressions. So it knows how much you like your goods. The supermarket not only makes shopping easier. It also understands you. （443字）

三篇文章主题、文体不同，对七年级学生来说有一定挑战。教师引导学生从结构、主题等方面入手，分析文本并与文本对话。通过激发学生已知、思维导图（如图3-7所示）梳理文本线索、概括文本主旨、依"图"联系自我并表达等方式帮助学生将"读""说"紧密结合，减轻学生阅读理解的焦虑心理，引导学生在思维导图解读文本的基础上，发散思维，进而实现学生的推断、演绎与创造。

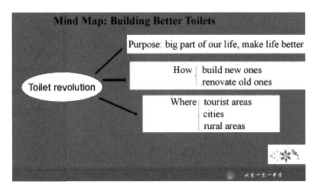

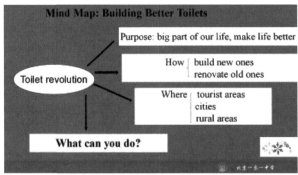

图3-7 思维导图

第三章 多维联动课程建构 69

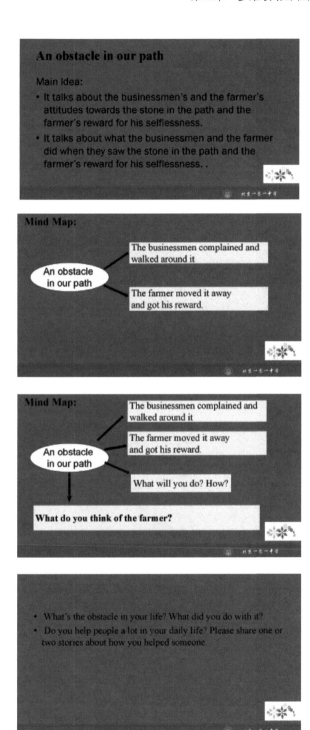

图 3-7 思维导图（续）

图 3-7 思维导图（续）

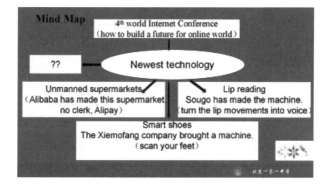

图 3-7　思维导图（续）

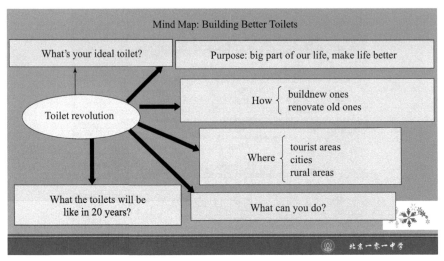

图3-7 思维导图(续)

(二) 思维导图在高中报刊教学中的应用

高中阶段的思维导图在鼓励学生自主绘制自主表达的同时,持续关注培养学生获取梳理信息的能力、基于文本的结构意识及概括整合的能力。下面以孙乐漪同学课堂阅读 *Teens* 语篇,绘制思维导图为例来说明。

How to choose

Choosing the right college is one of the most important decisions—and many times the first important life decision—students will face. Many high school students may feel confused, especially those who want to study abroad.

"In the US, choosing colleges that are a good fit academically, financially and socially hopefully means that the student spends the next four years of their life in the 'right' college environment, happy with the selection(选择) of majors offered, happy with the campus vibe(氛围)," said Connie Pollack, a college admissions consultant(顾问) from Squirrel Hill, Pennsylvania in the US.

So how can you choose the right college? Here are Pollack's suggestions:

Location: Do you have specific(特定的) states you really want to go to?

Size: Smaller campuses have fewer services and activities, but larger colleges have bigger class sizes and less individual attention.

Majors: Which schools offer the major or activities you are most interested in?

Cost: Private colleges can be among the most expensive, but they often have the most generous(丰厚的) scholarship opportunities.

Type: Do you want to attend a two – or four – year college? Community colleges (两年制社区大学) can also be a good cost—saving measure for students who are unsure of what they want to study.

It's important to take the time to research choices, and it is often helpful to come up with a three – part list of safety, target(目标) and dream schools, said Pollack.

Safety schools are those that the student feels confident about being admitted to easily; target schools are those where the student would be happy but is unsure of acceptance; dream schools represent the student's ideal(理想的) schools, but are unlikely to accept the student.

"If students have taken the time to think about their needs, and know what each school offers and what it will cost to attend before they enroll(入学), it can pave(铺) the road for a memorable(令人难忘的) college experience," she said. （369字）

该思维导图（如图3-8所示）的突出亮点有以下几点：一是准确把握文章主旨的能力，通过导图深入文本，概括并改写文章标题，How to choose the "right" college；不仅如此，该生还对文章的主要信息进行了提炼："5 factors" "Three – part list"。体现了该生善于概括归类、综合性分析、全面思考、高度概括后集中而系统地迁移、新颖地组合，具有独创性，体现了思维品质的深刻性、灵活性与创造性。二是以"图"构"架"，通过解构文章，该生挖掘文本的价值，即选择合适的大学能为未来铺垫（pave the road for a memorable college experience）。

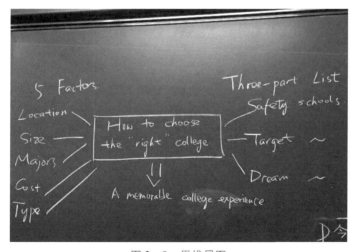

图3-8　思维导图

思维导图的作用体现在以下几个方面：首先是对学生适度的引领。教师在课堂上提供必要的支持和点拨，让学生在原有的知识储备上有新的发现、新的生成、新的感悟。例如能够借助话题语言，实现目标语言、语言知识的有效输出。其次是迁移的程度。多元智能强调尊重学习者的个体差异和充分利用优势智能的迁移，特别是将阅读理解中的成果直接迁移到口语和书面表达中，作为表达的基础，从而大大地提高了表达的起点水平。最后是生成的高度。在精彩的课堂教学中，预设和生成是不可或缺的两个方面，教师必须处理好精心预设与有效生成的关系。要关注课堂生成，针对鲜活的学情施教，通过显性化的差异统计数据进行反馈调控，捕捉课堂随机生成的教学资源，因势利导，因学制宜，达到"预设"与"生成"的统一，让不同的学生得到不同程度的发展。在教学中，事先考虑到学生思维习惯的差异，根据学生可能出现的情况进行"预设"，在课堂上机动灵活地引导"生成"，学生才容易进入积极、能动的学习状态。

从以上报刊教学的案例中可以看出，学生只有真正参与到阅读活动中，做学习的主体和主人，才能使自己的知识经验与新的知识发生联系，从而实现真正意义上的学习。自主高效的阅读能力需要培养和训练，教师只有通过研究学生的认知特点和阅读策略，才能制定切实可行的阅读教学方法，英语教学才能达到素质教育的目的，为学生的终身发展奠定基础。

第三节 多维联动"读说写"课程建构——以报刊教学为例

一、教师指导学生报刊自主学习实践

笔者将以指导学生阅读 Teens 为例，展示运用多维联动教学法，利用英语报刊提升学生阅读自主学习能力，继而促进口语表达、书面表达等教学组织及实施过程。该阅读过程大致可分为三个阶段：课前学生根据自己的学习情况阅读报纸并进行阅读积累的阶段、课堂实施阶段和课后阅读、积累、总结、思考阶段。

（一）课前学生根据自己的学习情况阅读报纸并进行阅读积累的阶段

素质教育的宗旨是教育面向全体学生。面向全体学生并不是一刀切，而是面向每一个有差异的个体，充分培养个性。根据学生的特点来激发每个人的学习热情，是培养他们自学能力的一个重要方面。英语的阅读理解，费工费时，讲解难度大，如处理得不好，不仅枯燥无味，而且出力不讨好。因此要充分利用选材上的优势来满足不同层次学生的兴趣。笔者根据学科特点，选择 Teens 作为课外阅读的资源，创设良好的课外阅读氛围，引导学生内化运用阅读策略，帮助学生在

阅读中得到全方位的发展（教育部，2022）。

1. 教师指导学生选择阅读材料（设定目标、摸清学情）

（1）教师指导学生选择适合自己阅读程度的版本。

大部分教师都是基于自己的选择进行教学，而很少顾及学生的学习风格、学习方式、学习条件等，这一现象致使很多优秀教师在课堂的努力不能全面转化为学生的学习效果，如果把自主权教给学生，使学生有了选择的可能，就能提高学习成效。

因此，笔者在学生刚进入初中时对其阅读能力进行三次摸底测试，并与学生面谈以往的英语阅读经历，依据学生的成绩和学习经历指导学生选择适合自己的版本，而这个版本可根据学生的阅读情况每两个月调整一次。

（2）教师指导学生选择适合自己阅读程度的阅读内容。

在指导学生读报时，由于报纸内容多、容量大，不是每一篇都适合学生阅读，而且学生不清楚如何选择阅读材料，所以教师的帮助是必要的。笔者对学生的自行选择进行辅导，并不是武断地按照教学内容来选择，而是以学生的接受能力和兴趣为根据。笔者会将每期报纸分为课上讲解篇目、课后必选阅读篇目、课后选读篇目三个部分。（监控过程：阅读积累）

2. 教师指导学生做阅读积累笔记

为了使学生学有所获并能真正有实效，笔者指导学生边看报纸边做阅读积累。笔者每周检查学生的阅读积累笔记，并以此监督学生的阅读情况和进程，及时反馈，帮助学生调整其阅读学习。为了培养学生的自学能力，阅读积累需包含以下内容：

（1）每天积累 5 个报纸中常见生词。

（2）每天积累 5 个与现阶段写作话题相关的好句子或句型。

（3）每天精读一篇自己感兴趣的篇目，归纳出文章大意，并写出自己对这篇文章的感受。

（4）每天安排两名学生在课前准备，课上将上述积累内容进行 PPT 展示。

（5）指导学生上 Teens 的网站，查询"测试空间"栏目的练习答案和相关期刊的课件。

社会飞速发展，科技日新月异，知识是"教"不完的。今天的学生只能靠今后的终身学习才能不落伍。难怪有人说，21 世纪的文盲，不是不识字的人，而是不会自学的人。自学能力是学生在已有的知识水平和技能的基础上，不断独立获取新知识并运用这些知识的能力。

（二）课堂实施阶段和课后阅读、积累、总结、思考阶段

笔者每周六课时，每节课都会请两名学生进行读报演讲。

1. 学生读报展示内容

通过每天的读报演讲，同学之间可以互相学习、取长补短，这也可以鼓励学生将阅读经验与现实生活相联系，引发情感共鸣和阅读期待；帮助学生进一步发展阅读技能和策略，提升阅读流畅性，扩大阅读量，保持持续的阅读兴趣，养成良好的阅读习惯，形成健康的阅读情趣（教育部，2022）。具体展示内容如下：

（1）篇目名称。
（2）该篇目中常见生词的用法讲解及例句。
（3）学生喜爱的与现阶段写作话题相关的句型和美文美句。
（4）比较难理解的句子的翻译。
（5）模仿新闻播报。
（6）该篇目的文章主旨。
（7）学生自己的读报感受、所思所想。
（8）假如你是某个栏目的编辑，你会……

做报刊阅读展示的学生可以从以上8条中选择其中几条进行展示，也可以组织班级其他同学提问，还可以组织讨论。

2. 学生阅读展示

杨慕雯同学的读报课件展示：

Fixing a broken heart——Teens 杨慕雯

I. New words

- band – aid 创可贴 In her hand was a band – aid.
- choke back 抑制 Mrs. Smith choked back her tears.
- heal 治愈 Mrs. Smith placed Susie's band – aid in the fame to remind herself to heal a little every time she sees it.

II. Phrases

- do one's part 做应当做的那份

She thought seriously about this challenge, and how she could do her part in caring for Mrs. Smith.

- answer the knock（on the door）开门

After a few moments Mrs. Smith answered the knock with a "Hi, Susie!"

- as though 好像（as if）

She looked as though she might have been crying.

- one step further 更深一步

Mrs. Smith accepted Susie's kindness and took it one step further.

III. Beautiful Sentences

- Mrs. Smith won't ever be able to talk with her daughter or hug her or do all these wonderful things that mommies and daughters do together.

Mrs. Smith 再也不会与他的女儿说话、拥抱，或是做母亲与女儿之间所有的那些美好的事情了。

- Susie noticed that Mrs. Smith didn't have that familiar musical quality about her voice when she greeted someone.

Susie 发现 Mrs. Smith 不再有那迎接时的熟悉的歌唱般的声音。

- Susie held her hand out shyly.

Susie 害羞地伸出她的手。

- She wisely knows that healing takes time and support.

她很聪明地明白治疗心伤需要时间与支持。

IV. Main idea

Susie was told by her mother to care for Mrs. Smith, who just lost her daughter. And she childishly gave her a band-aid for her broken heart, which symbols great care and supports between neighbors.

V. My feelings

Just as the saying goes: "A near friend is better than a relative." The love from our neighbors is worth treasure. Sometimes, what motivates us greatly might be just as little as a smile, as light as a small tip... So, why keep it for yourself? Just remember the best way to keep love is to give it yourself.

On the other hand, children may teach us. The childish love and care they gave will surely impress us deeply with the rare purity.

课后学生可以通过同学点评与互动、教师点评、自我评价等方式记录本次的学习与收获，并思考下一次展示的突破点。

进入高中阶段，学生需要根据高中学习的特点，不断优化自主阅读、自主积累的经验，不断优化个人英语学习策略，提高学习英语的效果和效率，发展自主学习的习惯和能力，促进终身学习能力的发展（教育部，2020）。在自主阅读能力培养的过程中，在语境中熟悉、理解词汇及用法，关注词性词形变化等积极策略的运用，同时指导学生在自主积累中内化、拓展、创新和迁移，有助于学生不断坚持积累、复习、利用，能够体现学生学习的主动性。

正如牛栎风同学毕业后反思所说的那样："高一高二的积累本（如图 3-9 所示）中，词、句、段、篇通通是积累的内容，无论是课内还是课外都有许多值得积累的语料；积累了之后得定时翻看，比如在写作文的时候（不是考试写的那种！）就可以翻看积累本，多用新单词、新词组、长句（不要为了长而冗长，而是为了丰富表达的含义）等，不要永远只在自己的熟悉词汇里找；老师判改后自己要及时订正，关注自己通篇下来什么毛病犯得最多，是语法不当还是短句太多影响流畅度，是词汇用的不准还是一个句子里有了两个动词（记住：一山不容二虎！），学会发现自己的错误并及时改正它，不要等到高三还对着自己通篇红叉的作文犯愁，当然，即使是到了高三才意识到自己的错误想改正并且去改正也是来得及的，但我想强调的是要从一开始就养成良好的习惯，不要把错误越积越多，也不要让自己下意识犯的错误真正地根深蒂固。"

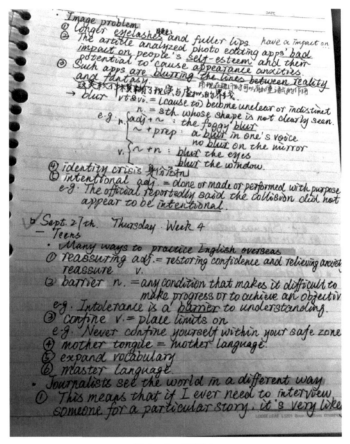

图3-9 积累本

二、高中报刊教学课堂案例

下面结合笔者课例，具体解析"读说写"联动在报刊课堂教学中的应用。本节课为北京师范大学教材必修模块二第四单元 Cyberspace 的拓展阅读课。

（一）选用文本

Stay focused to get better

Every day, it seems, a new gadget promises to help me increase the distance and pace(步速) I run, or the number of hours I sleep, or the amount of space in between my heartbeats. It will make me a better me, or so the story goes.

Maybe some of them actually help to do these things, but I still decided to sell all of my sports gadgets a few months ago and simply record my running times with a pen and notepad(笔记本). Soon after, I began to train for a marathon earlier this year the old-fashioned way, without something on my wrist(手腕) telling me my pace and current heart rate.

As it turned out, running without knowing all that information was an absolute pleasure.

In the past, whenever I was running slower than my smartwatch(智能手表) said I should be, I'd force myself to speed up, even if it was clear that my body didn't want to. But this time, I ran the way I wanted to.

On more than a few occasions, when I'd look at my notepad following—but never during—key workouts(锻炼), I was shocked to see that I'd had some real breakthroughs(突破), running much faster than I thought I could. I was so shocked about these numbers and thought that if I'd seen them during the workout itself, I would have probably slowed down. But because I was blind to them, I just kept on running.

Another positive thing about getting rid of all my running gadgets is that it's helping me concentrate more on the running itself. Since I no longer feel like I need technology to run well, I can go out and run without worrying about whether everything has enough battery power.

So what's the lesson here? Well, we could very easily replace the example of running with writing, studying, or anything else. No matter what it is, the more time we spend worrying about how to make ourselves better at something, the more our performance is affected.

Should you stop using technology to "improve" your performance? Of course, that's up to you. But if I were to be asked that question, I'd certainly say that I'm better off without it. （401字）

By Brad Stulberg

(https://paper.i21st.cn/story/121754.html)

Are study aid apps causing damage?

Smartphone apps certainly make our life easier. And now, it looks like they could even do our homework for us.

Recent years have seen the release of a variety of study aid(帮助) apps aimed at students, from primary school to high school. Most of these apps allow users to take a photo of their schoolwork and the correct answers will just appear on their smartphone.

Convenient as they are, these apps present problems to both parents and teachers.

Wu Xiaoyu, an English teacher, said that over one-third of the students in her class have used study aid apps.

"Most of them just copy the answers from the app, while only a few use the app to study," she told *China Youth Daily*. She pointed out that many of the students' translation assignments(翻译任务) were exactly the same as the standard answers. Some even had the same compositions(作文).

"If students blindly rely on the study aid apps and just copy correct answers, they will become lazy and lose the capability to think independently," Wu said during a parents' meeting.

Worse still, some students even use the study aid apps as social networks. Some apps have similar functions to WeChat's Moments feature, meaning students can post text-based updates(消息) and upload images.

"The teenagers are easily distracted(分心) while using these apps and they are not aiding study, but undermining(损害) it." commented *China Youth Daily*.

In fact, the problem doesn't just apply to students in China. In an article published by Wired in July, it was pointed out that study aid apps are making it easier for US students to cheat on their homework.

However, this isn't to say that study aid apps should be completely banned—they could help students if they're used properly. "A quick post to Facebook revealed(表明) that many of my friends had [used them]—especially those studying math," wrote *Pippa Biddle*, reporter for Wired, "Some had used [them] to get through college calculus(微积分学), while a few were still using [them] at their jobs as engineers or quantitative analysts(定量分析师)."

Indeed, "Every coin has two sides. As for study aid apps, we cannot ban students from using [them], but they should be used in a proper way," commented *Legal Evening News*.

"Parents and teachers should give necessary guidance to help students take advantage of the study aid apps' strengths(优点) and avoid their weaknesses."（440 字）

(https://paper.i21st.cn/story/121571.html)

（二）文本解读

两篇文章选自 *Teens Senior*（高一版）14 期 "Stay focused to get better" 及 13 期 "Are study aid apps causing damage?" 就"（舍弃运动类科技产品）会让我们变得更加专注，运动效果更好"以及"学习类软件是神器还是陷阱"进行讨论，字数分别为 401、440。作为本单元的课内补充阅读，旨在从文本结构、类型、主题、语言等多角度引导学生探究网络时代对自身的影响。

1. [What] 主题意义和主要内容

第一篇文章中，作者从多个方面比较分析使用运动类科技产品（gadget）以及不使用它记录运动数据的方式和它对运动效果所产生的影响。作者明显发现不使用科技类产品后，自己反而在运动过程中更加投入，不断突破。第二篇文章就学习类软件是神器还是陷阱展开讨论。通过对学习类软件的便捷以及引发的机械"抄袭"展开讨论，如果学生只会利用软件轻易获得答案，无益于培养学生的独立思考能力的发展；如果学生能善加利用此类软件，则有利于学习。由此可见，两篇文章均传达了智能时代更需要我们智慧地使用包括手机在内的各种应用软件的观点。

2. [Why] 写作意图

作者以与学生学习和生活密切相关的内容为话题，呈现正反两个方面的见解和主张，为学生辩证地思考问题提供借鉴。调动学生已有知识与体验，培养学生对阅读材料进行观点提取、思考并理性分析电子设备在学生生活中的作用，客观表达观点。同时，引导学生学习如何从不同的角度表达见解、提供证据或理由，从而使观点更有说服力。学生也可以在阅读过程中进一步推敲各个观点理由的合理性，根据自己的生活经验进行思考和判断，从而发展批判性思维等高阶思维能力。

3. [How] 文体结构和语言修辞

两个语篇均为议论文。第一篇文章使用过去时与现在时突出作者在使用运动类科技产品（gadget）以及不使用它在记录数据上、跑步效果上、个人感受上的不同，进而提出没有它，跑步更专心、更有效果的建议。使用了一些与跑步体验相关的短语与表达，例如，"help me increase the distance and pace" "record my running times with a pen and notepad" "force myself to speed up" "another positive thing about getting rid of all my running gadgets is that that it's helping me concentrate more on the running itself" 等。第二篇文章以现在时为主，大致分为四个部分：

提出问题,正、反两方面分析问题,表达个人建议或观点。使用了一些与话题和论证关的短语和表达,例如,"Most of these apps allow users to take a photo of their schoolwork and the correct answers will just appear on their smartphone""blindly rely on the study aid apps and just copy correct answers""Convenient as they are, these apps present problems to both parents and teachers""Worse still, however, this isn't to say that..."等。

(三)教学目标

在本课学习结束时,学生能够:

(1)提取并口头汇报作者使用以及不使用运动类科技产品不同方面的影响及其原因;学习类软件的利弊及其原因。

(2)表达自己是否同意文章观点及其原因。

(3)提出个人常使用的手机软件的优势与不足,并提出针对该软件的改进建议。

(四)教学流程图

主题导入——基于问题,分享个人经验,铺垫语言;关注标题,预测内容
(感知与注意)

↓

内容呈现——提取文本基本信息,完成思维导图
(获取梳理、概括整合)

↓

内容复述——借助学案复述文本,阐述个人观点
(内化运用、批判评价)

↓

讨论分享——选取个人案例,发表观点并阐述原因;班级分享,自由表达
(推理论证、批判评价、想象创造)

(五)教学过程

教学过程如表3-1所示。

表 3-1 教学过程

教学目标	教学活动及互动方式	设计意图	活动层次	效果评价
1. 提取并口头汇报作者使用以及不使用运动类科技产品不同方面的影响及其原因	Activity 1. 引导学生分享背景知识，激发阅读兴趣。 Teacher asks students questions. Can you share new knowledge you have gained in the unit?	1. 与学生分享已读文本背景知识； 2. 引起学生注意与兴趣，导入本课话题	感知、注意	学生能够借助已读文本分享背景知识，激发阅读兴趣
	Activity 2. 阅读文本，梳理信息，口头汇报。 Teacher asks students to read and get the writer's opinion on using technology to improve one's performance and supporting details and report in the class. What gadget did the author use to help improve running in the beginning? Did it work well in the end? Did the author believe that sports gadgets were of great help to him? How do you know? What is the structure of the passage?	1. 引导学生明确文本主题； 2. 带领学生初步感知文本结构； 3. 引导学生梳理文本基本信息	获取、梳理、概括、整合、描述、阐释	学生能够从文本中提取使用运动类科技产品前后不同方面的影响及其原因，并向同学进行口头汇报
2. 提取并口头汇报学习类软件的利弊及原因	Activity 3. 阅读文本，梳理信息，口头汇报。 Teacher asks students to link this passage to the similar one (Are study aid apps causing damage?) and underline the weaknesses and strengths of study aid apps, then report in the class. What are the weaknesses and strengths of study aid apps?			学生能够画出学习类软件优点、弊端的短语或句子并进行口头汇报
3. 表达自己是否同意文章观点及其原因	Activity 4. 深入思考，探究学习。 Do you agree with the author's opinion? Why or why not? Share your reasons.	引导学生进一步分析文本，对接自我，表达在科技类产品和手机学习软件使用上的观点	分析、判断、推理、论证	学生能够根据文本信息，结合自身经历，表达观点并提出原因

续表

教学目标	教学活动及互动方式	设计意图	活动层次	效果评价
4. 提出个人使用的手机软件的优势与不足，并提出针对该软件的改进建议	Activity 5. 分享展示，迁移创新 Students share their favorite apps' names, strengths and weaknesses with group member. As for weaknesses, Students put forward methods to make apps better. Students share their opinions in class. Which app is your favorite? Can you share its strengths and weaknesses? As for weaknesses, Can you come up with methods to improve it?	1. 引导学生分享观点：手机应用软件的利弊； 2. 引导学生将所学结构化知识内化迁移到个人情境中； 3. 引导学生针对弊端提出有创意的解决方案，培养学生解决实际问题的意识和能力	内化、运用、迁移、创新	学生能够通过小组分享，在新情境中运用本课语言和结构表达

（六）学案

Newspaper Reading

I. Stay focused to get better

Q1. Did the author believe that sports gadgets were very helpful to him? Which words and phrases in the article show his attitude?

Q2. What are the results when he got rid of all his running gadgets?

II. Are study aid apps causing damage? (Mind Map)

III. Discussion

We all have various apps to satisfy our needs in our smartphones.

Do you have some favorite ones? Can you share their names, strengths and weaknesses with your group members（如表3-2所示）? Please write down your idea. (You can take your apps as an example to support your idea.)

表3-2 My favorite app (s)

Name of the app (s)	Strengths	Weaknesses	

笔者选取贴近学生生活实际的话题，运用"读说写"联动的教学方式，创

设情境，调动学生表达的积极性。由提取文本观点到讨论分析，培养学生自主思考、分享交流、互助学习的能力；通过让学生探讨手机软件的应用体验及对个人的影响，引导并倡导学生智慧使用电子类产品，做使用工具的主人，践行"学科育人"的理念。

第四节 多维联动"读说写演"课程建构
——以常春藤英语教学为例

阅读在中学生英语学习过程中发挥着重要的作用。学会阅读有助于中学生奠定语言基础、发展语言技能、形成良好语言素养，也有助于中学生体验开阔文化视野，丰富生活经历与情感体验，从而学会认识自我、认识他人、认识社会和认识世界（王蔷等，2021）。

2002年美国阅读研究小组在报告中提出了阅读理解要素构想模型（A Heuristic for Thinking About Reading Comprehension）（Snow，2002），将阅读定义为在社会文化与语境下的读者（Reader）、语篇（Text）和活动（Activity）三要素。读者要素包含读者的认知能力（注意力、记忆力、批判性分析能力、推断能力及可视化能力）、动机（阅读目的、兴趣及自我效能）、知识（词汇知识、主题知识、语篇知识及策略知识）和经历。语篇要素包含表层信息、底层信息和信息组织形式等。活动要素包含活动的目的、过程和产出等（Snow，2002）。教师阅读教学的最终目标就是将学生培养成为高效的终身阅读者，能够较容易和带有兴趣地阅读各种阅读素材，能够因不同的阅读目的和需求而阅读，也能够在即使阅读素材不那么易懂和有趣的情况下依然实现阅读理解（Snow，2002）。

课内阅读与课外阅读结合是促进学生阅读素养提升的重要途径。课标中明确指出了不同年级学生课外阅读量，七年级累计4万词以上，八年级10万词以上，九年级15万词以上。课外阅读在很大程度上依赖于学生自主选择、自主规划、自主监控与自主反思，因此培养学生的自主学习能力至关重要。学生的词汇量一直是学生英语学习、特别是自主学习过程中"拦路虎"，而把握文章主旨，体会文章的逻辑性、思想性，以及表达自己的观点则"难上加难"。因此，在英语阅读自主学习能力的开发实践中，笔者指导学生阅读英语国家语文教材中的文章，以提高学生的上述能力，并最终培养学生的阅读自主学习能力。《常春藤英语》系列丛书选取英语国家原版教材和读物中的经典文章，是一套内容丰富、语言地道的丛书，在一定程度上可以弥补教材的不足。

一、初中《常春藤英语》阅读教学实践

在学生八年级第一学期时,教师在课堂上指导学生学习由笔者主编的义务教育课程标准泛读教材《常春藤英语》(四级上) *The Two Goats*。

具体课时安排为学生每周阅读 3 篇并做相关练习;教师每周安排一课时指导阅读英美文学故事、安排讨论交流学习感受和表达各自的见解。

The Two Goats

1　On a wild mountain, two goats met on a ledge (1) just over a high cliff (2). The ledge was so narrow (3), that there was neither room for them to pass each other nor to turn round and go back. A steep (4) rock rose straight above them—a deep dark chasm (5) lay below! What do you think the two goats did?

2　One of them with great care laid himself down on the narrow ledge, pressing (6) as close to the rock as he could. Then the other goat gently (7) and softly (8) stepped over his friend, till, safely past him, he could lightly (9) bound away.

3　The goat that had lain down then drew himself up from his lowly place, spring (10) again from rock safe and sound (11), free to spring again from rock to rock, and crop the sweet grass on the hills.

4　Two other goats had left the valley (12), and climbed far up the mountain. At length they met on the banks of a wild, rushing stream. A tree had fallen across the stream, and formed (13) a bridge from the one side to the other.

5　The goats looked at each other, and each wished to pass over first.

6　They stood for a moment with one foot on the tree, each thinking that the other would draw back (14). But neither of them would give way and they met at last on the middle of the narrow bridge!

7　They then began to push and fight with their horns, till at last their feet slipped (15), and both the goats fell into the swift flowing (16) stream, and were lost in the waters!

8　Both might have been saved, if either of them had known how to yield (17) at the right time. (289 字)

(一) 教师设计片段

教师指导学生看文章中的插图说话:

Ⅰ　What can you see in the two pictures?

Ⅱ　Where were they?

Ⅲ What were they doing?

Ⅳ What happened at last? Can you guess?

教师运用以上4个问题指导学生看图做出预测、推断。

教师的问题旨在培养学生进行文章中的细节理解，如问题Ⅰ、Ⅱ；判断思维，如问题Ⅳ；根据文章进行推断，如问题Ⅲ。

（二）教师指导学生阅读文章并回答问题

How well did you read?

［Note the fact］

Where did the first two goats meet?

On the banks of a wild, rushing stream.

On a ledge just over a high cliff.

On the rock near the river.

［Note the fact］

According to the passage, which of the following is true?

A. The other two goats might have been saved if either of them had known how to yield.

B. There was enough room for the first two goats to turn round and go back.

C. Two other goats helped each other to pass over a wild, rushing stream.

［Draw a conclusion］

What can we infer from the passage?

A. It's win – win for the two goats to solve the problem together.

B. It is dangerous for the two goats to pass each other over the river together.

C. It is impossible for the two goats to pass each other on a ledge over a high cliff.

［Grasp the main idea］

The writer wrote the other two goats in Paragraph 1 – 4 to show that _____ .

A. what the two goats wanted to do

B. how the two goats helped themselves

C. why the two goats were lost in the river

一般来说，笔者让学生围绕以下几个方面进行阅读和思考：Grasp the main idea；See the result, Evaluate the information, Give the reason, Understand the main idea, Note the reason；Check the details, Note the fact, Draw a conclusion。

（三）教师指导学生阅读并猜测以下单词、词组的意思

Read for words：

Choose one best paraphrase or Chinese meaning for underlined words or expressions.

1) Then the other goat gently and softly (1) stepped over his friend, till, safely past him, he could lightly (2) bound away. (Para 2, line 2)

(1) A. 跨过　　　　　　B. 踩上　　　　　　C. 按住
(2) A. 逃走　　　　　　B. 拿走　　　　　　C. 跳跃着离开

2) The goat that had lain down then (1) drew himself up from his lowly place, spring again from rock safe and sound, free to spring again from rock to rock, and (2) crop the sweet grass on the hills. (Para 3, line 1)

(1) A. 继续向前　　　　B. 挺直身子　　　　C. 站起离开
(2) A. eat　　　　　　B. see　　　　　　C. collect

3) At length they met on the banks of a wild, rushing stream. (Para 4, line 2)
A. Actually　　　　　B. Unluckily　　　　C. Finally

（四） 安排学生讨论以下问题，口头复述文章大意或者笔头表达并提出自己的见解

Writing practice/Oral practice：

Where did the other two goats meet?

What does the bridge look like?

What did they each want to do?

What took place in the middle of the bridge?

What happened to them at last?

What can you learn from the story?

（五） 学生作品展示

Two other goats met on the banks of a wild, rushing stream. A tree had fallen across the stream, and formed a bridge from one side to the other. The goats looked at each other, and each wished to pass over first. They stood for a moment with one foot on the tree, each thinking that the other would draw back. But neither of them would give way and they met at last on the middle of the narrow bridge! They then began to push and fight with their horns, till at last their feet slipped, and both the goats fell into the swift flowing stream, and were lost in the waters!

In my opinion both might have been saved, if either of them had known how to yield at the right time. And I think yielding plays an important role in getting on with other people.

（六）学生将文本改编成剧本、分角色表演文中片段（略）

二、高中《常春藤英语》教学实践

《普通高中英语课程标准》强调"学科核心素养的发展过程既是语言知识与技能整合发展的实践活动，也是文化感知与理解不断加深，优秀文化品格不断形成的过程，同时还是思维品质和语言学习能力逐步提升的过程。"核心素养的提出要求我们从过去关注学科知识和技能，转向关注培养学生的综合语言运用能力，也就是要在发展学生语言能力的同时，培养学生的积极情感态度和价值观、良好的跨文化意识和有效的学习策略。高一学生处于初高衔接学段，面对诸如身心发展、认知发展、学习策略等方面的变化与挑战。在英语方面，丰富多元的单元主题学习内容、学习任务都需要学生积极参与英语学习活动，乐于合作，保持学习热情，调整学习方式，积极反思与探索高中英语学习的方法。

广泛阅读可以让学生体验更丰富的语篇文体，帮助学生逐步培养良好的阅读习惯，通过阅读发展阅读能力，学习语言和人文、科学知识，拓展思维，提高审美、鉴赏和评价能力（教育部，2020）。《常春藤英语》选取的语篇类型涵盖记叙文、议论文、说明文、应用文等不同类型的文体，有助于学生接触和学习不同类型的语篇，把握不同语篇的特定结构、文体特征和表达方式；更为重要的是，这些语篇承载的语言知识和文化知识，传递着文化内涵和价值取向，可以作为教材主题的有益补充。经典篇章如 *Try Again* 让学生感同身受，反思自我，培养坚韧的优良品质；*The Little Post Boy* 则通过瑞典小男孩如何战胜迷路、雪地寒夜等困难，完成使命的故事，让学生体味语言的精妙，坚毅品质的伟大。科学类的文章如 *Superstitious? Here's Why!*，*Telltale Trees* 则将学生带入了大千世界探险遨游。启迪心灵的 *Success Stems From the Positive Habits*，*A Full-time School Called Life* 等文章，契合高一学生的身心发展水平，传递正能量，引发学生思考。教师可以通过认真研读和分析，引导学生挖掘主题意义；在语言活动中整合语言知识学习、语言技能发展、文化意识形成和学习策略运用，落实培养学生英语学科核心素养的目标。另外，教师引导学生通过理解和学习语篇所承载的文化和价值观等，帮助学生学会欣赏语言，在阅读中丰富生活经历，体验不同情感，从而树立正确的世界观、人生观和价值观。

《常春藤英语》虽然在很大程度上弥补了教材的不足，但由于文章出自英语原版教科书，篇幅多长于教材文本，词汇挑战加大，这需要教师透彻把握学情，精心设计教学步骤，采取有效教学策略来帮助学生由"读下去"到"读进去"，培养阅读耐心，树立阅读信心，发展阅读策略，逐步帮助学生提高语篇分析能力、语言学习能力,同时通过有效的活动设计引导学生理解、分析语篇所体现的文化背景和文化差异,深入探究主题意义,与自我经验对接,不断提升思维品质。

(一)教学实施

根据教学进度和学情变化,高一学段的《常春藤英语》阅读基本遵循以下步骤:课前学生自主阅读,完成思维导图绘制→课上交流思维导图,教师引导学生深度解读文本→课后文章缩写或续写,提高语言运用能力。

教学实施模型如图 3-10 所示。

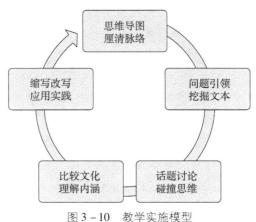

图 3-10 教学实施模型

1. 巧用思维导图,帮助学生厘清文章脉络

帮助学生找到合适的阅读方法对保持阅读热情与动力至关重要。教师通过思维导图或信息结构图等可视化工具,引导学生在零散的信息和新旧知识之间建立关联,归纳和提炼基于主题的新知识结构(教育部,2020)。将思维导图作为连接课前、课中、课后的关联性学习活动,充分发挥其课前的阅读作用、课中的交流支架作用以及课后的评价反馈作用,将思维导图使用贯穿阅读全过程。课前思维导图作业,学生自主梳理文章脉络,提炼重要信息并浓缩在个性化的思维导图上,对缓解学生较长篇幅阅读压力起到了重要作用。课上,学生可依据思维导图描述文章大意及逻辑,表述观点或阅读难点,促进学生语言运用能力、逻辑思维能力的综合发展。从学生自主学习的角度来说,思维导图有助于学生培养自主学习能力,并通过课上交流、分享及内化学习,实现自我评价、同伴互评、教师评价的有机结合,促进学生反思能力提升。

例如《常春藤英语》(六级上) Lesson 3 *Marital Arts* 是一篇 933 字的说明文。

文章介绍了武术的定义、发展、不同类型及特点。学生在思维导图的引领下，提炼文章主要脉络，较为清晰地梳理了文章。图 3–11 是一位同学自主阅读后绘制的思维导图。该同学基本厘清了文章脉络，如果能把文章各部分内容的隶属关系通过图示很好地表现出来就更好了。

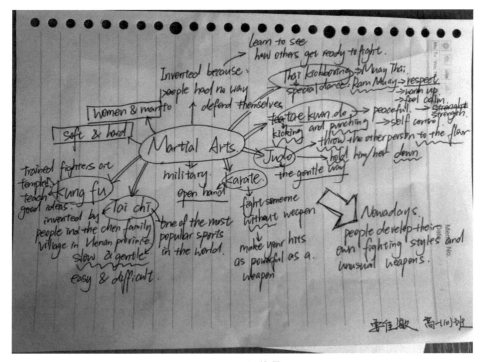

图 3–11　思维导图

2. 有效问题引领，引导学生深入文本，提高文本解读能力

《常春藤英语》中收集的英语名篇既有广为流传的故事、大家耳熟能详的名人逸事、不同民族的礼仪传统、令人着迷的科学话题，也有"心灵鸡汤"、文学经典。根据文章语篇类型，先易后难，引导学生由表及里，理解语篇的主题意义和主要内容（what），语篇的深层含义，说话人的意图、情感态度或价值观（why），以及语篇具有什么样的文体特征、内容结构和语言特点（how）。

笔者认为，《常春藤英语》的文本解读要以学情发展为依据，选择契合学生认知水平的文章，密切结合学生生活实际，才能最大限度地发挥其引导作用。如：《常春藤英语》（六级上）Lesson 12 *Try Again* 就是这样一篇能够引导学生把握记叙文阅读特点，主题意义引发学生思考的文章。全文 695 字，通过父亲对儿子坚持不懈的引导和劝诫，帮助儿子培养坚持忍耐、不断尝试的品格。教学设计中，通过对故事脉络的梳理（How does the story develop?）、对父子性格的分析（What are the personalities of George and his father?）、对文章价值取向的提问（What lesson can we draw from the story?）帮助学生深入文本，理解人物的所思所想，同时引导学生体会记叙文中事件发展所带来的人物心理活动变化这一文体特征。

3. 依据话题展开生生、师生之间讨论

2017级高一学生有着鲜明的时代特点：他们是新科技新技术迅猛发展和应用下成长的一代，既能熟练使用电脑、智能手机、网络，也能敏锐洞察科技新趋势。在互联网时代成长的他们，对不同学习资源的开发和开放程度，对冲突观点的深入思考和包容程度，都是教师在设计教学活动时必须要考虑的学情。了解学生学习生活的实际情况也是教师激活课堂讨论的必要准备。

以《常春藤英语》（六级上）Lesson 12 *Try Again* 为例，学生对于如何有效克服惰性有着不同的想法。有些学生提出了"I can ask parents or teachers to help me (get rid of my laziness)"，有的学生则提出了"Using apps in my smart phone can help me better organize my time and supervise me"，有的学生则提出"Getting involved in a study team helps me, since we can encourage each other to finish our work on time"。学生们各出大招，互相启发，互相交流，共同探讨有效解决惰性的方法。这些贴近学生生活实际的话题讨论，激发了学生合作学习的热情；生生、师生的思想碰撞与开放式的思维活动，丰富了合作学习的过程，使得语言学习与思维品质协同发展。

4. 尝试分析文化差异，理解文化内涵

文化差异是指因地区异同，各地区人们所特有的文化异同而产生的差异。课程标准中对文化意识一级的要求是："能够在明确的情境中根据直接提示找出文化信息；有兴趣和意愿了解并比较具有文化多样性的活动和事物；感知中外文化差异，初步形成跨文化意识，通过中外文化对比，加深对中国文化的理解，坚定文化自信；了解中外优秀文化，形成正确的价值观；感知所学内容的语言美和意蕴美；能够用所学的英语简单介绍中外文化现象。"

《常春藤英语》中如"*Differences Between British and American English*" "*What's in an Indian Name?*" 等文章帮助学生开阔视野，从而了解不同国家的文化。教师也可以设计对比任务，引导学生对比中外文化的异同，来体会文化差异或概括总结优秀文化的共性。如 *Swiss Watch School* 讲的就是瑞士钟表匠人的学习成长之路，背后所揭示的是瑞士钟表业的工匠精神。结合学生喜欢的央视纪录片

《我在故宫修文物》，教师可以设计"What do they have in common? Please list detailed information to support your idea""How do you understand the craftsmanship"等问题引发学生思考为什么不同文化会尊重共同的工匠精神，工匠精神的内涵究竟是什么等问题，引导学生在比较、分析中提升思维品质。

5. 缩写或续写文章，引导学生运用所读表达所思

阅读是一个非常活跃、复杂的认知过程（郭宝仙、章兼中，2016），阅读过程中读者需要不断地对输入的文本信息进行解码、加工和内化。本质上，阅读是一种思维过程，阅读的关键能力是思维。

缩写或续写通过读写结合的方式，在学生深入文本的基础上，引导学生再次精细梳理文章结构、线索，或想象故事情节、发展与结局。这些活动都对学生语言综合运用能力提出更高的要求，反过来，也促进学生语言能力、文化意识、思维品质等方面的发展。

More than One Way to the Square 是一篇 1036 字的记叙文，作者通过自己曲折的奋斗经历，品味着年少时父亲教给自己的道理——通往广场的路不止一条。

下面是一名学生课后的缩写作品（300 字以内）。

More than One Way to the Square

I remembered my father brought me to the top of a church one day. He pointed at a square below and explained that there was more than one way to the square, so was life. I got his point at once. He was referring to what had happened in the morning. I complained to mom how awful the school lunch was, but she paid no attention. Following dad's guidance, I finally succeeded in getting mom to handle the lunch problem by making mom taste a spoonful of soup from school.

When I grew up, I decided to be a fashion designer. The lesson my dad taught me kept guiding my way. The first time I came to Paris with my sketches, I discovered a unique kind of stitch which worked out perfectly with my design. I soon received my first order. Unfortunately, there were not enough workers, so I might have to cancel it. Father's words dawned on me at this very moment. It reminded me that I could find more women to knit them. Father's words enlightened me again when I was preparing the Winter Fashion show. The show was about to put on in several days but they were far from finishing the clothes. Father's words helped me again. I decided to show the clothes unfinished. Though it seemed risky, it turned out to be a great success.

There's always more than one way to the square.

缩写能够抓住文章主线和中心思想，有层次，有逻辑，能有效学习使用文章中的表达。

6. 展示展演，内化于心，外化于行

改编剧本、自编剧本、积极展示是学生用英语做事情的最高表达。经典剧目的排练与改编，善用中国元素创作英文剧等都体现了学生将英语运用在生活中，极大地提升了学生综合运用语言的能力。如：学生曾改编上演的情景喜剧 *Wherever I Go*（如图3-12所示），该剧聚焦在青少年身上，通过普通生活中的友谊、冲突、和解，感悟真挚深厚的友谊。学生们不仅复刻经典，还大胆改编、创新演绎古典与青春的完美融合，将经典带着年轻的活力绽放于舞台，沉浸式语言学习的氛围更加浓厚。

图3-12　情景戏剧 *Wherever I Go*

学生感慨："无数次彩排，我的英语水平得到了很大提升，同时收获了舞台经验，这更加激发了我学习英语的兴趣和动力。"还有学生说："舞台强烈的节奏给人寻找信念的强烈坚持，充分展现英语的情感表现力。"

（二）《常春藤英语》阅读教学的效果

（1）学生阅读耐心、信心增强，学习能力得到提高。学生从一开始的束手无策、频频停顿，到快速提取主线脉络，在任务驱动下，跨过阅读长文章的"畏难"心理关，逐步提高运用阅读策略的能力。

（2）学生的自主学习、合作学习能力得到提高。学生能够主动、积极地绘制思维导图，并通过和同伴的沟通、探讨，课上生生、师生的互动，提高学习能力，逐步提高文本的解读能力。

（3）对语篇主题意义的思考与讨论，与学生学习经历、生活实际相关的话题引入，帮助学生以语篇为载体，体验英语作为交流的工具、思维的工具，学习其他知识的工具，个人的情感态度、国际视野、社会责任的工具性和人文性这一特点。

（三）《常春藤英语》实施建议

通过"读说写演"联动的教学实践，学生提高了语言运用的能力；促进了学生对学习策略、学习方法的反思，同时也促进了教师对优化教学设计、核心素养落地的思考。教师在做"读说写演"的教学实践中需要做好教材内容与补充内容主题的衔接，引导学生将主题意义探究作为主线；还要加强阅读集中指导与个性化指导，切实促进每一名学生的发展。

第五节 多维联动"听说读写演"课程建构
——以《典范英语》为例

通过《典范英语》的教学，培养学生的学习兴趣，提升学生听、说、读、写、演的综合语言运用能力；通过翻转课堂的形式，引领学生逐步走上自主学习的道路。具体而言，笔者布置学生每周读《典范英语》中的一本故事书，要求学生课下熟练朗读故事，熟悉故事情节，把握故事的主题，思考故事的内涵等。笔者每周用一课时检查学生课前的阅读效果。通过复述检查学生对故事的理解；通过课上讨论挖掘故事的深层含义；通过角色扮演培养学生运用语言进行交际的能力；课后让学生通过缩写、续写等形式巩固所学语言，实现语言的灵活运用并不断启迪学生的心智，提升学生的人文素养。

一、课前学生学习阶段

（一）学生在课前模仿录音跟读一周，同时积累好词好句

学生在课前通过分散式练习，每天坚持听音频，有声模仿朗读15~20分钟，每周读完一本书。要求学生在朗读过程中，积极思考、理解和汲取信息，在朗读

时，要求学生把过去的体验和反应能动结合，领会文字的意义并进行信息吸收。学生通过每天的朗读，从陌生到熟悉，有的学生甚至能够背诵出来，读的次数越多，越增加了喜欢的程度，这体现了心理学的"多看效应"。每日的朗读是《典范英语》实验成败的关键。因此随着每日的积累，学生有更多的时间思考如何将学到的知识加以运用。他们在英语环境的浸泡中，迁移能力也在增强。朗读是英语学习的基本技能，当学生朗读自己感兴趣的材料时，才能熟练掌握听、说、读、写等基本技能。

（二）教师设计学案，引领学生自主学习

为了帮助学生更好地理解故事，扫清生词障碍是《典范英语》教学的重要组成部分。《典范英语》中的词汇量很大，一本书中出现的词汇量是普通教材中的数倍。虽然书后为词汇、短语提供了非常详细的中文意思，但是为了更好地检测学生对故事的理解，有必要让学生在具体语境中理解主题词汇。例如在新版《典范英语》第8级第3本的学案中，教师设计了与"摔跤"相关的词汇理解练习，便于学生通过语境联想、猜测词义（如图3-13所示）。

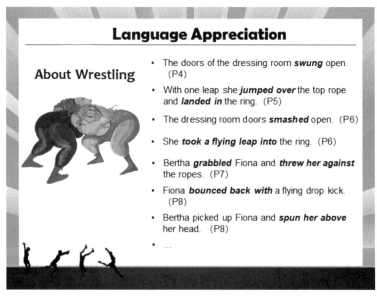

图3-13 与"摔跤"相关的词汇理解练习

在新版《典范英语》第7级第5本 Captain Comic and The Purple Planet 的学案中，教师设计了与外太空相关的词汇学案，引导学生通过听音频跟读了解主题词汇的读音；通过图文结合，确认主题词汇意义；通过电影激发学生已有知识（如图3-14所示）。

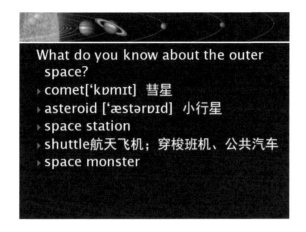
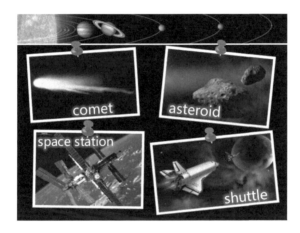

图3-14 与外太空相关的词汇学案

二、课堂教学阶段

（一）教师指导学生了解故事的背景

在学生自学一周之后，教师每周抽出一课时进行文本的学习。教师在备课时要读透文本，明确故事的框架。在课堂引入阶段进行热身活动，或播放和文本相关的视频，让学生做好准备，或学唱和上课内容相关的歌曲。例如：学习新版《典范英语》第 7 级第 1 本 *Walrus Joins In* 时，笔者设计学生观看有关北极动物生存的纪录片，并提出相关问题，创设情境，了解即将学习的故事中的主要人物（如图 3 – 15 所示）。

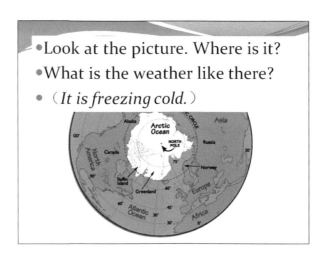

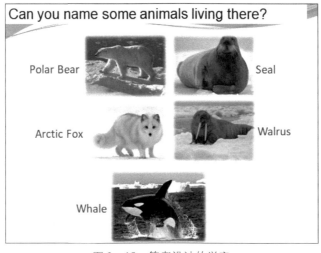

图 3 – 15　笔者设计的学案

（二）教师指导学生把握故事脉络

1. 充分利用课本上的图片挖掘听说资源

学生根据图片及教师的提问能简要了解故事的人物和背景。之后教师让学生朗读某个章节，旨在检查学生课外是否很好地进行了朗读。之后可以让学生根据图片复述故事内容，情节复述的原则是"抓住主要内容，细节忽略不计"，课上的复述也是学生课下写摘要的依据。之后教师可以就精彩章节让学生分角色表演，也可以问一问学生最喜欢哪个章节及原因。之后探讨人物性格、故事发展情节等。之后教师会提问人物性格的刻画是依托故事的哪些细节，为什么人物会具备这些特征等。最后，教师就故事情节的发展，让学生从 introduction，build-up，climax，turn-down 及 resolution 等几个方面寻找信息。也可以指导学生将这种故事情节的分析运用到平时故事类的阅读文章中去。

例1：学习新版《典范英语》第7级第4本 *Oh! Otto* 时，笔者和学生一起梳理故事中外星男孩与地球人在语言上有哪些误会（如图3-16所示）。

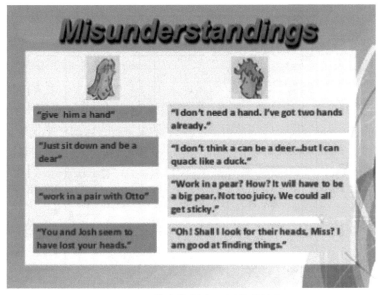

图3-16　笔者和学生一起梳理故事

例2：学习新版《典范英语》第7级第1本 *Walrus Joins In* 时，笔者利用两张图以及针对四个章节的提示问题，帮助学生更好地把握故事的情节与脉络（如图3-17所示）。

图 3-17　教学用图

Chapter 1：What would the animals do for the show? What about Walrus?
Chapter 2：How was every animal's show going at the big night?
Chapter 3：What was from bad to worse? Why?
Chapter 4：What part did Walrus play in the show? Was he good at anything?

2. 利用思维导图开展整本书阅读

教师利用思维导图帮助学生在阅读长文章时梳理文章脉络，提炼文章思想，厘清文章重要细节，使学生对文章的把握一目了然，提升学生的思维能力。例如在学习新版《典范英语》第 8 级第 3 本 Bertha's secret battle 时，在学生课前听读三遍的基础上，在课堂上开展整本书阅读。在阅读的过程中，笔者指导学生利用思维导图，厘清该本书的脉络。两名学生到黑板上绘制，其他同学在座位上绘制。之后，两名学生为一组，分别用英语向另一名学生讲解自己的思维导图，以此来厘清文章情节，整体把握故事，为之后的复述、改写、表演等环节奠定基础。

图 3-18 是学生在课堂上呈现的思维导图。

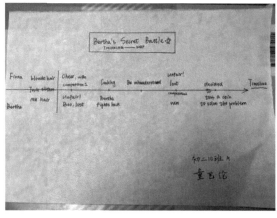

图 3-18　学生在课堂上呈现的思维导图

第三章 多维联动课程建构 101

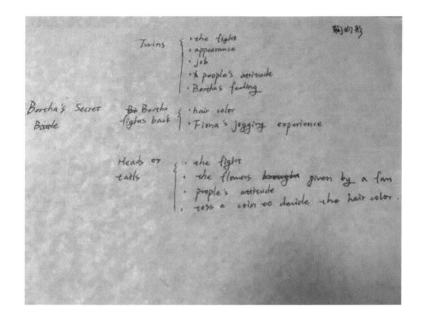

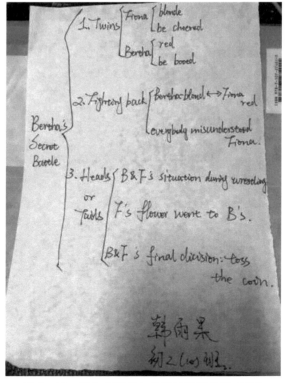

图 3-18 学生在课堂上呈现的思维导图（续）

图 3－19 是在学生呈现并复述思维导图后，笔者向学生展示的思维导图。

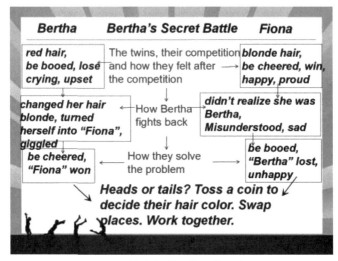

图 3－19　笔者向学生展示的思维导图

（三）教师指导学生就故事中的核心问题进行讨论

教师指导学生谈论对故事或故事中人物的看法等。通过讨论，学生在理解人物特征的同时联系生活实际，学习人物的美好品德。

例1：学习新版《典范英语》第 7 级第 3 本 *Princess Pip's Holiday* 时，笔者让学生讨论以下问题。

Discussion：What is Pip like? What about Daisy? Which of the two would you rather have as a friend? Why?

学生回答：I'd rather have Daisy as my friend because she is patient and kind. I don't like Pip because she's ill‐tempered.

通过学生的回答，我们可以看到学生的精神世界、人生观、价值观等都有了升华，学生在语言和心智两方面都得到了充分的发展。

例2：学习新版《典范英语》第 7 级第 2 本 *Noisy Neighbours* 时，笔者让学生讨论故事中的主人公之一 Mr. Flinch 的性格，为后续进一步讨论如"Do you feel any sympathy for Mr. Flinch? Why or why not? If you were Mr. Flinch, what would you do to your noisy neighbours"这样的深层次理解问题、为如何解决问题奠定基础（如图 3－20 所示）。

令笔者非常高兴的是，学生还在笔者准备的课件之外提到了下列词汇：rich, smug（自鸣得意的；自以为是的），unfriendly, upset, unhappy。

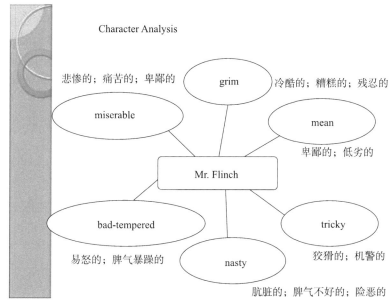

图 3-20 讨论 Mr. Flinch 的性格

由此可见,学生前期自主学习和教师中期引领的效果还是很好的。在学生熟练听读、思考、记忆的基础上,教师课堂的检查及学生的反馈、拓展升华,与学生的自主学习互为呼应。

(四)教师指导学生进行缩写、续写、改写等任务

教师可以根据故事提一些开放性的问题,没有标准答案,需要学生独立思考。课后可以分层布置作业,如积累摘抄、缩写、续写、仿写、改写等,真正运用语言。

例如,学习新版《典范英语》第 7 级 3 本 *Princess Pip's Holiday* 时,教师让学生根据下面的提示进行缩写。学生的缩写也可以分为几个阶段,如初学时抓住故事的背景及主要事件,随着所学内容的增多,要能够交代清楚这些事件的因果关系,较高的要求是学生能够加入自己的感悟。

Write a summary of the story in no less than 100 words.

Writing tips:

* Make a list of the main events.

What happened before the holiday, in the middle of the holiday and after the holiday?

Who

Where

When

What

How

*Use connective language such as at first, soon, late that day, next morning, etc. to put the detailed events in order.

通过上述教学实践，学生的语感、读、说、写能力逐步有了提高。同时，也培养了学生的发散性思维及批判性思维能力。

（五）尝试课本剧的改编与表演

为了更好地培养学生的创造能力、交际能力、语言运用等能力，笔者设计了课本剧的改编与表演任务。改编课本剧是一种创造，学生在准确把握故事情节的基础上，用表情、动作、语言等刻画不同人物的性格。另外，学生可以把自己对课文的理解融入剧本中，通过自己的个性展示人物性格，同时锻炼了人际交往、合作能力。

以《典范英语》8级11本Chapter 3（节选）为例：

Franklin's mum (in a flap): Something smells horrible and I don't know what it is.

Franklin's mum (She looked around in a panic.): Your dad's outside checking the drains.

(Franklin smiled.)

(Mr. and Mrs. Gates were still outside when Mr. Gates were still outside.)

(Mr. Bragg rang the bell and Franklin let him in.)

Mr. Bragg (stopped and sniffed the air): Ugh, what's that disgusting smell?

Franklin: It's Saturday. The factory does fish pie on Saturdays.

Mr. Bragg (frowned): Isn't the factory shut on Saturdays?

Franklin: No. Fish every Saturday. That's why we call this Stinky Street. Don't you want to see my bedroom?

(Franklin and Mr. Bragg went upstairs. Then Franklin opened his bedroom door.)

Mr. Bragg: What's that? (He pointed to a huge, dark patch on the wall.)

Franklin: Damp. Mum made me cover it with a poster last time.

Mr. Bragg (snorted): Hmm.

Franklin (grinned, pointing to a pile of brown lumps): Mind the mouse poo. It gets stuck in the carpet.

Mr. Bragg (pulled a face): Urgh!

Franklin (smiled): That's nothing. Wait till you see what the rats do.
(At that moment, his mum arrived.)
Mrs. Gates (smiled): Hello. How's it going?
Mr. Bragg (icily): Your son was telling me about the rats.
注：括号部分为动作，其他部分为对话。

三、课后阶段

（一）完成缩写、改写、续写等任务

为了更好地巩固课前、课上的学习成果，在课后，教师指导学生进行缩写、改写、续写等任务，其目的是让学生通过写作实践获得更真实的语言学习过程。一方面，学生可以自主规划呈现方式；另一方面，教师也可以通过上述任务监测学生的学习效果，对于学困生也能给予适当的个性化帮助，以便班级能够更好地全面推进《典范英语》教学。

（二）听读模仿，录制音频并发送到班级微信群，互相学习，进行评价，定期表彰

通过多维联动"听、说、读、写、演"教学实践，学生培养了使用目标语言进行听、说、读、写、看、演的语言能力，在口头表达和写作部分结合具体内容能够进行有效输出；在文化意识方面，通过对故事内涵的深入理解加强了对中外文化的理解和认同。教师在设计《典范英语》听、说、读、写、演联动中应注意对学生基础知识和能力的培养，如语音、语调、词汇理解、情节把握等；还应通过搭设台阶、创造情境、小组合作、分享交流的形式，鼓励学生主动参与，鼓励学生自我发现并归纳语言规律，借助语篇，实现知识的有效迁移，还应注重对学生深层理解能力、分析概括能力、推断假设能力等方面的提升。

学到终极看自主，自主学习可谓学习的最高境界。马斯洛的需求理论告诉我们，人的最高需求是"自我实现"。越是在自主状态下，独立地发挥出潜能，获得自我价值的实现，越有成就感，越能成为自由、健康、无畏的人。自我实现是人生追求的最高目标，教育的真正意义就在于帮助人满足这种追求，表现出自己的才能，体验最大的快乐。《典范英语》则为学生提供了这样的学习和展示的平台。

第四章
多维联动作业设计

第一节　基于自主学习能力提升的多维联动作业设计

一、自主学习能力培养

（一）关于自主学习的研究

终身学习将成为未来社会人们的一种生活方式，教育将进入"自己教育自己"的时代，也就是自主学习。自主学习是当今教育的重要主题，它不仅是有效学习的一种形式，也是教学目标。针对自主学习，自 20 世纪 80 年代起，国内外许多学者都进行了大量的研究并提出了自己的理解。由于研究者的理论立场和研究方法手段的不同，对自主学习概念的理解也不尽相同。Holec 在 1981 年首先把自主学习定义为"对自己学习负责的能力"。他提出，外语教学的目标有两个：一是帮助学生获取语言知识和交际技能；二是帮助他们获得自主学习的能力，能够独立学习。因此，学生的自主学习能力将影响和决定语言学习的进展和成就。Huttunen（1986）把自主学习看成是某种学习行为，学习者单独或集体负责学习的计划、监控和评价。自主学习研究最具代表性学者、美国纽约城市大学的齐莫曼（Zimmerman）认为，当学生在元认知、动机、学习时间、学习行为的表现都是积极的参与者时，其学习就是自主的。自主学习者的动机应该是内在的或者是自发的，学习方法应该是有计划的或者是已经熟练到自动化程度，自主学习者对时间的安排是定时而有效的，他们能够意识到学习的结果。

庞维国从心理学的角度对自主学习进行了界定："自主学习"是建立在自我意识发展基础上的"能学"，建立在学生具有内在学习动机基础上的"想学"，建立在学生掌握了一定学习策略上的"会学"，建立在意志努力上的"坚持学"。

他指出充分的自主学习具备以下特征：学习动机是内在的或自我激发的；学习内容是自己选择的；学习方法能够自己加以选择并有效利用；学习时间由自己计划和管理；对学习过程能进行自我监控；对学习结果能进行自我总结和评价；能够主动组织和利用有利于学习的物质和社会环境。

（二）关于自主学习能力的要求

《普通高中英语课程标准》中明确指出："高中阶段是学生学习能力发展的重要时期，教师要把培养学生的学习能力作为教学的重要目标，在教学过程中为学生发展学习能力创造有利条件，帮助学生在英语学习的过程中，学会如何进行自我选择、评判和监控，培养学生自主学习、合作学习和探究式学习的能力。教师要有意识地培养学生自主学习的能力，避免包办代替。"课程标准中建议教师在教学中，通过课前合理布置自学活动、课中组织小组合作学习与探究活动、课后布置适量的拓展性作业来提升学生的学习能力。

《义务教育课程标准（2022年版）》中明确指出学习策略主要包括元认知策略、认知策略、交际策略、情感管理策略等。其中，元认知策略有助于学生计划、监控、评价、反思和调整学习过程，提升自主学习能力。教师要引导学生学会管理自己的学习，明确学习目标，做好学习计划和时间管理；提醒学生课前主动预习，课后及时复习和归纳；帮助学生选择适合自己的学习方式和方法，利用各种资源和工具书等进行自主阅读，有计划地收听、收看新闻或优秀影视作品等；指导学生对照学习目标，评价和反思自己的学习过程和学习效果，根据学习需要调整学习方法与策略，切实提高学习效率。学生能积极尝试运用不同的英语学习策略提高学习效率，找到适合自己的英语学习方法，学会反思，养成良好的学习习惯；能进行自主学习、合作学习和探究学习。

由此可见，两个课程标准均将提高学生自主学习能力置于重要地位，并提出了具体而明确的自主学习能力培养目标、培养路径以及教师应在过程中发挥的作用。因此，我们的教育目标应该着眼于学生长远的发展，从激发学生兴趣出发，培养学生有效的学习策略，帮助学生提高学习效率和逐步培养学生的自主学习能力。不能再沿袭传统的教学模式而不思创新，不能再用"灌输"和传授的方式，而应积极指导学生掌握学习策略，养成积极主动、自觉学习的学习态度，为学生的终身学习奠定坚实基础。

二、时代要求

（一）国内外学生素养发展研究

当今世界所有最著名的核心素养研究框架，无论源自国际组织还是特定国家，均指向世纪信息时代公民生活、职业世界和个人自我实现的新特点和新需求，因此，"核心素养"别称是"21世纪素养"（21century competences）或"21世纪技能"（21century skills）。如研究核心素养最著名的国际组织为经济合作与发展组织（OECD）与欧盟委员会（European Commission），前者核心素养框架的名称为"为了新千年学习者的21世纪技能和素养"（21 century skills and competences for new millennium learners），后者的核心素养框架则是建立在前者研究的基础上，其名称为"为了终身学习的核心素养"（key competences for lifelong learning），两者均旨在应对21世纪信息时代对教育的挑战（钟启泉，2021）。

全球素养是指青少年能够分析当地、全球和跨文化的问题，理解和欣赏他人的观点和世界观，与不同文化背景的人进行开放、得体和有效的互动，以及为集体福祉和可持续发展采取行动的能力。

学生能力国际评价测试（PISA）将学生的能力定义为评定、整理、整合、评价书面信息，以发展个体知识和潜能，参与社会并对社会作出贡献。PISA不是关注学生能否把自己所学复述出来，而是测试他们能不能拓展与迁移，在新的情境下进行推断、创新，并且运用。

经济合作与发展组织（OECD）2015年启动了题为"教育2030：未来的教育与技能"的项目。该项目与各参与国一起为两个意义深远的问题寻找答案：第一，今天的学生需要什么知识、技能、态度和价值观才能在2030年茁壮成长，塑造自己的世界？第二，教育系统如何能有效地发展这些知识、技能、态度和价值观？

普通高中课程方案和各科课程标准立足"立德树人"的根本任务，体现信息时代个人发展的新需求，在充分借鉴国际课程改革的先进经验的基础上，确立"核心素养"这一观念。因此，信息时代的课程体系，亦可称为素养本位的课程体系（钟启泉，2021）。

（二）"双减"政策

2021年11月3日，中共中央办公厅、国务院办公厅印发《关于进一步减轻义务教育阶段学生作业负担和校外培训负担的意见》，明确提出"全面压减作业总量和时长，减轻学生过重作业负担"。在中央"双减"政策中，提到"压减作业总量和时长，减轻学生过重作业负担"时共有5个段落，600余字，但是明确地提到"减"的只有一个段落，不足百字，剩下更大篇幅强调的都是如何增强设计、如何分层分组、如何通过作业更好地分析学情。"双减"之后的作业，核心不是"减"而是"增"和"提"，增加更科学的设计，提高作业的质量和水平。正如北京市教委新闻发言人所说："在调研中经常看到学校老师强调作业量已经减少到了过去的60%。其实，我们更应该关注的是剩下的40%的作业是不是能够承载起过去你100%甚至200%的作业量的效果，甚至是不是还能提升？"

"双减"政策的发布和实施对教师的教育教学工作进一步提出了明确的要求：落实课堂教学基本要求、基本规范和基本规程，优化教学方式，强化教学管理。加强学科建设和教研管理，切实提高教学质量。"双减"理念的落实，呼唤课堂教育教学主阵地作用的发挥，构建教育良好生态，促进学生全面发展、健康成长。在落实"双减"工作中，教师应围绕"课堂教学"这个中心，抓好"作业设计"这个维度，使作业设计制度化，全面提升"双减"效能。社会对学生的素养评价促使教师反思课堂教学、评价方式以及每天给学生留的作业能否让学生具备核心素养甚至是全球素养？能否让学生具备健全的人格与能力去适应不断变化的世界？"双减"倒逼教育改革和社会进步，一线教师需要通过教育的手段激发学生的"潜力"，让学生找到适合并擅长的领域，从事相关的工作和活动，而不是不加区别地把所有学生培养成同一个类型。

三、多维联动作业设计原则

作业是学校教育教学管理工作的重要环节，是课堂教学活动的必要补充。在课堂教学提质增效的基础上，切实发挥好作业育人功能，布置科学合理有效的作业，帮助学生巩固知识、形成能力，培养习惯，帮助教师检测教学效果、精准分析学情、改进教学方法，促进学校完善教学管理、开展科学评价，提高教育质量（教育部，2021）。近几年来，作业与课堂教学、学生发展之间的关系成为教育热点。中共中央办公厅、国务院办公厅（2017）提出："要切实减轻学生过重课外负担。提高课堂教学质量，严格按照课程标准开展教学，合理设计学生作业内容与时间，提高作业的有效性。"国务院办公厅（2019）进一步提出："提高作业设计质量，精心设计基础性作业，适当增加探究性、实践性、综合性作业"；"提高课堂教学效率，培养学生学习能力，促进学生系统地掌握各学科基础知识、基本技能、基本方法，培养学生适应终身发展和社会发展需要的正确价值观念、必备品格和关键能力"。教育部办公厅（2021）针对义务教育阶段作业管理，明确提出："创新作业类型方式，鼓励布置分层作业、弹性作业和个性化作业，科学设计探究性作业和实践性作业；提高作业设计质量，教师要提高自主设计作业能力，针对学生不同情况，精准设计作业；加强作业完成指导，培养学生自主学习和时间管理能力；认真批改反馈作业，强化作业批改与反馈的育人功能。"作业设计、作业管理在教育行政部门的文件中多次被正式提及，因此，多维联动作业设计围绕上述要求展开研究和实践。

（一）多维联动作业设计基本方针

首先，坚持以立德树人为目标。培养德智体美劳全面发展的社会主义建设者和接班人是我们课程设计的总目标。

其次，坚持以学习兴趣为导向。学生的兴趣是课程实施达成目标的基础。学习是学习者自主建构的过程，学习效果不取决于教师"讲"了多少，而是取决于学习者"参与、经历、体验"了多少。统一的时间、统一的内容、统一的教学模式实际上很难应对学生的差异，教师根据学生需求为学生提供分层、分类、差异化的作业设计应该成为一种有效的教育策略，从每一个个体的学习出发，对比个体的发展，体现变化和进步。

最后，坚持以素养提升为核心。学生是学习的主体，引导学生的学是教师的职责所在。核心素养指向过程，关注学生在其培养过程中的体验与感悟，而非结果导向；同时，核心素养兼具稳定性与开放性、发展性，是一个伴随终生可持续发展、与时俱进的动态优化过程，是个体能够适应未来社会、促进终身学习、实现全面发展的基本保障。因此，学的目的在于形成学习能力、思维能力，积极主动、灵活熟练运用知识解决问题的能力。

（二）多维联动作业设计原则

《普通高中英语课程标准》明确指出："普通高中英语课程具有重要的育人功能，旨在发展学生的语言能力、文化意识、思维品质和学习能力等英语学科核心素养，落实立德树人的根本任务。"《义务教育课程标准（2022年版）》重申英语课程理念，即落实立德树人根本任务，以培养有理想、有本领、有担当的时代新人为出发点和落脚点。围绕核心素养确定课程目标，选择课程内容，创新教学方式，改进考试评价，指导教材建设，开展教师培训。

作业作为当下中学英语教与学当中的一环，应遵循以下基本原则：坚持基础性原则，保障学生学有所得；坚持探索性原则，发展学生思维能力；坚持实践性原则，促进学生知行合一；坚持个性化原则，满足学生多元发展需要；坚持创新性原则，引导学生乐做善做；坚持轻量化原则，保护学生学习兴趣。

四、多维联动教学法指导下的作业设计路径

作业设计与实施是教学活动不可或缺的一个环节，学生是作业实施的主体，因此发挥学生的主观能动性，引导学生成为评价的设计者和参与者，学生自评、互评，教师的反馈都应该是评价的组成部分。多元评价主体和评价方式有助于学生正确认识自我及反思自我，自觉运用评价结果改进学习，提升其学习能力。教师需要为学生创建此类作业的展示讨论平台，引导学生在交流讨论中取长补短，拓宽英语学习渠道；互相学习与借鉴，做好自我监督与管理，提升学习效率。同时，教师也需要加强作业完成指导，培养学生自主学习和时间管理能力；认真批改反馈作业，强化作业批改与反馈的育人功能（教育部办公厅，2021）。

作业设计作为课上课下的桥梁与纽带，既要发挥其对课堂学习夯实巩固的作

用,也要发挥其对课堂学习自我评价的作用,更要以学生发展为着眼点,帮助学生在完成作业的过程中,发现问题、调整方向,逐步培养其学习能力。

多维联动教学法指导下的作业设计综合听、说、读、写、看、演的技能要求,结合学生的认知特点和语言学习规律,以提升学生素养为核心,以培养良好学习习惯为途径,关注不同层次学生语言能力与思维品质的融合发展,注重实践性,让学生在"做"中"养习惯",在"做"中"提能力"。我们通过整合教学资源、革新作业形式、明确作业要求、精心设计培养创新精神和实践能力的作业,使作业对学生的语言学习与发展起到助推的作用。

第二节 初中基础类作业设计

一、基础类作业及作用

基础性作业是巩固学习内容、减轻课业负担、提高学业成绩的主要载体。进一步提高基础性作业质量,是发挥作业育人价值的基本点(尹后庆,2020)。就英语而言,基础类作业面向全体,涉及听、说、读、写、看的语言技能培养,落实基本语言知识与技能,巩固课堂知识,旨在引导学生逐步培养良好的语言学习习惯。

同时注重学生自评、互评能力的培养,其基本目的是通过听、说、读、写、看不同途径输入语料,逐渐培养语感,为学生外语学习打下坚实基础;数量和要求符合学生学习实际,重在巩固课堂所学,培养听、说、读、写、看基本技能;教师授之以渔,即引导学生学会学习与积累,逐步建立个人学习小档案。

How To Learn English Well

Do you want to learn English well?

Open your mouth,

read, speak and say;

Use your mind,

remember, think every day.

With your ears, listen;

With your mouth, speak;

With your eyes, read;

With your hands, write;

With your wheels, view;

With your mind, think;

With your friends, act.

Wherever you go, see with all your heart,

Whatever you do, do with all your might.

语言学习没有捷径，正如诗歌中所描述的那样，张开嘴，读；动脑子记忆和思考，与伙伴一起的共同学习与共同使用，日复一日的坚持，才能让语言学习持续发展。随着科技的发展，数字化时代已然到来，英语学习的途径愈来愈宽广，但是再好的工具也必须为人所用，换句话说，主动学习的意愿、科学的学习方法、良好的学习习惯才是学生发展的根本所在。

《义务教育课程标准（2022年版）》中对初中学段作业提出了以下要求：教师应根据不同学段学生的认知特点和学习需求，基于单元教学目标，兼顾个体差异，整体设计单元作业和课时作业，把握好作业的内容、难度和数量，使学生形成积极的情感体验，提升自我效能感。教师应创设真实的学习情境，建立课堂所学和学生生活的关联，设计复习巩固类、拓展延伸类和综合实践类等多种类型的作业，如朗读、角色扮演、复述、书面表达、故事创编、调研采访、海报制作、戏剧表演、课外阅读等，引导学生在完成作业的过程中，提升语言和思维能力，发挥学习潜能，促进自主学习。教师应明确作业要求，必要时可以给出示例。作业评价应根据需要采用集体讲评、个别讲解和书面评语等方式，提供有针对性的反馈，激励和指导学生不断取得进步。教师还要对学生作业进行跟踪评价，不仅关注学生是否改正了作业中的错误，还要关注学生成长进步的过程，以及良好习惯和态度的养成。

课程标准中明确了初中学段作业的要求。首先是作业设计与布置的整体性与目的性，即为了促进学生积极主动地学习，应摒弃过难、过多或者单一课时的作业设计。其次是作业应明确要求且有层次，满足班级学生的不同需求。虽然这一点在大班教学中很有挑战性，但是教师可根据班级学生的不同层次，设计同一作业在不同层次的完成要求，以最大化地促进学生根据个人情况自我选择、自我促进。最后是多元且持续的评价机制，以激励和培养学生习惯的养成。

二、初中基础类作业设计

（一）常规作业

教师既要把握班级整体情况，也要了解不同学生的学习情况，依据实际学情，精准设计作业，精选作业内容，合理确定作业数量，作业难度不得超过国家课程标准要求（教育部，2021）。以笔者所教七年级作业为例，根据学生初中学段伊始，乐于自我拓展、乐于交流分享的特点，通过作业逐步培养学生落实课堂学习、适度阅读拓展的学习习惯,笔者设计了每日作业、每周作业(如表4-1所示)。

表4-1 作业与每周作业

每日作业	每周作业
落实课本上的基础知识——单词、短语、句子、课文,要求学生会听、会说、会读、会写	复习本周所学,总结学习收获
大声朗读英语10~15分钟	阅读 Teens 或《典范英语》等泛读材料
阅读推荐书目、自选阅读材料,20分钟内完成两篇阅读和一篇完形填空,订正答案,发现问题,可寻求老师帮助	单元同步练习
积累3~5个好词好句,抄到积累本上并尽量理解记忆	

在每日作业中,笔者一方面通过自主阅读、自主发现问题、自主解决问题的方式培养学生良好的阅读习惯;另一方面,把语言知识的积累作为基础类作业之一,并将"好"的定义教给学生,充分发挥学生对语言的敏感度和好奇心。图4-1和图4-2为学生的阅读作业和积累作业。

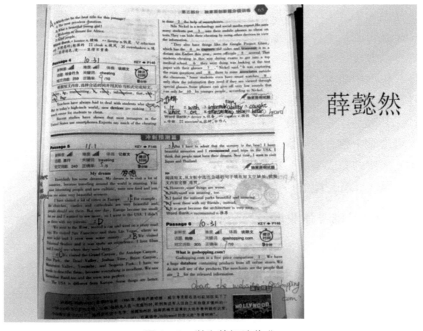

图4-1 学生的阅读作业

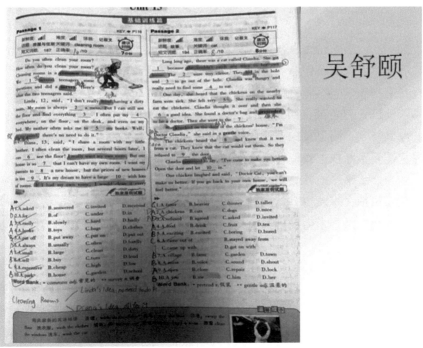

图4-1 学生的阅读作业（续）

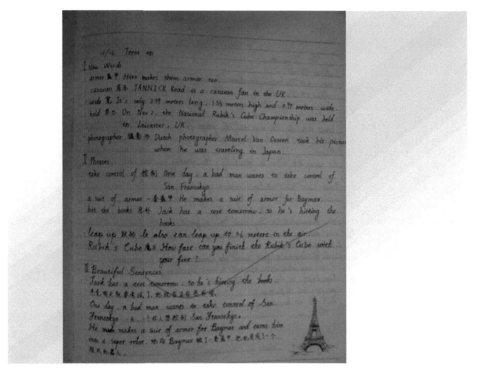

图 4-2　学生的积累作业

教师应深入理解作业评价的育人功能，坚持能力为重、素养导向。作业的设计既要有利于学生巩固语言知识和技能，又要有利于促进学生有效运用策略，增强学习动机（教育部，2022）。因此，教师在布置基础类作业时，需要依据学生身心发展特点，固定基础作业的类型，也要给予学生自主选择阅读材料的机会，同时也需要不断依据作业评价功能，及时了解学生对所学知识的理解程度和语言能力的发展水平，检验教学的效果、发现和诊断学生学习的问题，为调整和改进教学提供依据，不断提升基础类作业的质量。

下面我们结合学生基础词汇突破的作业案例来具体说明基础类作业设计的思路和方式。

（二）词汇突破类作业

词汇又称语汇，是一种语言中所有词和词组的总和。词是语言的建构材料，也是最小的能够独立运用的语言单位。词汇中的任何词语都通过一定的句法关系和语义关系与其他词语建立起一定联系，并在语境中传递信息。语言学家Wilkins 说过一句精辟的话："Without vocabulary, nothing can be conveyed."这就直接道出了词汇在语言学习中的重要地位。词汇学习是英语学习的重要组成部分，词汇的掌握和运用是增强语言知识和培养语言技能的基础。词汇维系着语音和语法，是语篇和语言知识的建筑基石。学生掌词汇的学用能力直接影响语言的交际能力。

《普通高中英语课程标准》指出，学用能力是指英语的学习能力和运用能力。学习词汇不只是记忆词的音、形、义，更重要的是在语篇中，通过听、说、读、看、写等语言活动，理解和表达与各种主题相关的信息或观点。词汇学用能力培养渗透了英语学科人文性和工具性相结合的特征。人文性是指词汇在具体语境中传递的信息有助于学生不断开阔视野，丰富生活经历，形成跨文化意识，发展创新能力，促进人的发展；工具性是指学生通过学习词汇的音、形、义等知识，进行考试、学习其他知识以及用英语做事情，强调"能字为先"的理念。因此，词汇学习只有在具体语境中，在听、说、读、看、写的过程中，才能有意义地发生。

以人教版《英语》（七年级上册）Starters Unit 1 – Unit 3 的学习内容与词汇作业为例。学生既需要通过具体例句夯实课堂所学，也需要根据讲解学案，尝试在具体语境中学习、使用该词汇。表 4 – 2 ~ 表 4 – 4 为三个单元中的语言知识及文化知识要求。

表 4 – 2　Starter Unit 1 Good morning

话题（Topic）	【学习目标】和朋友见面（Meeting friends）
字母、词汇和常用表达 （Letters, words & expressions）	1. 掌握英语字母 A 至 H 的发音、顺序和书写规范（Letters A – H）： Aa, Bb, Cc, Dd, Ee, Ff, Gg, Hh 2. 能够正确使用下列词汇（Curriculum words）： morning, afternoon, evening, you, I, fine, OK, good, are, am, how, hello, hi, thanks 3. 能够正确使用下列常用表达（Useful expressions）： good morning, good afternoon, good evening 4. 能够认读下列缩略词和人名（Non – curriculum words）： HB, CD, BBC Alice, Bob, Cindy, Dale, Eric, Frank, Grace, Helen
文化知识（Culture）	了解缩略词 HB、CD、BBC 的含义

表 4-3 Starter Unit 2 What's this in English?

话题（Topic）	身边的物品（Things around you）
字母、词汇和常用表达 (Letters, words & expressions)	1. 掌握英语字母 I 至 R 的发音、顺序和书写规范（Letters I-R）： Ii, Jj, Kk, Ll, Mm, Nn, Oo, Pp, Qq, Rr 2. 能够正确使用下列词汇（Curriculum words）： map, key, jacket, cup, ruler, pen, orange, English, a, an, what, this, that, it, is, spell, in, please 3. 能够正确使用下列常用表达（Useful expressions）： in English 4. 能够认读下列词汇（Non-curriculum words）： quilt, P, NBA, kg
文化知识（Culture）	了解缩略词 P、NBA、kg 的含义

表 4-4 Starter Unit 3 What color is it?

话题（Topic）	物品的颜色（Colors）
字母、词汇和常用表达 (Letters, words & expressions)	1. 掌握英语字母 S 至 Z 的发音、顺序和书写规范（Letters S-Z）： Ss, Tt, Uu, Vv, Ww, Xx, Yy, Zz 2. 能够正确使用下列词汇（Curriculum words）： color, the, red, yellow, green, blue, black, white, purple, brown, can, see, say, now, my 3. 能够认读下列缩略词（Non-curriculum words）： S/M/L, UFO, CCTV
文化知识（Culture）	了解缩略词 S/M/L、UFO、CCTV 的含义

1. 夯实课堂所学类作业

巩固课堂所学内容，需要学生听、读、背、默，进而能够灵活运用。教师应围绕校园生活、学生的兴趣爱好、社会热点、文化内涵选择例句，并通过合适的例句，帮助学生掌握、活用词汇，关注时事，提升文化品格。例如在背诵 morning，evening 等词汇后，学生的作业如下：

morning

n. [C/U] 早晨；上午 *adj.* 早上的，在上午发生的

（1）泛指一般上午、下午、晚上，前面用介词 in；若特指具体某天的上午、下午、晚上，则用介词 on，如：on Sunday afternoon 在星期日下午。

（2）当 morning，afternoon，evening 与 this，that，every，yesterday，tomorrow，one 等连用时，其前不用 in，on 等介词，也不用冠词。

You're an early bird. 你今天起得真早啊!

Mother went shopping on Monday morning. 妈妈周一上午去购物了。

She set out on the first of June. 她在六一早晨出发了。

句子积累:

It was the sort of morning when everything goes wrong. 那天上午就是那样,事事不顺心。

* An hour in the morning is worth two in the evening. 【谚】一日之计在于晨。

2. 基础词汇中培养文化意识的作业

在学习了颜色类词汇后,教师给学生布置了朗读并背诵下列词汇。例如

(1) 有关颜色的词。

除了表示颜色还有言外之意,有些超越了按字面翻译。如:

green hand 新手(不是绿手)

white coffee 加牛奶的咖啡

(2) 中英"颜色"的文化差异。

由于中英的文化背景、自然环境,特别是风俗、传统和习惯不同,对颜色所赋予的其他意义也有所不同。如:

yellow pages 分类电话簿

yellow man 胆小的人

a red - letter day 纪念日,喜庆日子

blue collar 蓝领

green meat 鲜肉

black tea 红茶

[拓展] love pea 红豆

Every white has its black, and every sweet its sour. 【谚】事有利弊,物不全美。

3. 基础知识检测类作业

学生学习了本单元单词之后,教师还需要布置一些词文的检测作业。利用教材中的课文创设语境布置基础类词汇检测作业。如:

基础性检测试题

一、单词默写(每小题 0.5 分,共 10 分)

1. 早晨;上午_____   2. 健康的;美好的_____

3. 感谢；谢谢_____   4. 你好；喂_____
5. 下午_____   6. 晚上；傍晚_____
7. 用字母拼；拼写_____   8. 地图_____
9. 杯子_____   10. 尺；直尺_____
11. 笔；钢笔_____   12. 橙子_____
13. 颜色_____   14. 红色（的）_____
15. 黄色（的）_____   16. 绿色（的）_____
17. 黑色（的）_____   18. 白色（的）_____
19. 被子；床罩_____   20. 蓝色（的）_____

二、将下列句子翻译成英语。（每小题 1 分，共 5 分）

1. 这个用英语怎么说？
_____?

2. 这个小茶杯是白色的。
_____

3. 它们是黄色的尺子。
_____

4. 它是什么颜色的？
_____

5. 它是一辆橘黄色的小汽车。
_____

三、在横线上写出下列中文的英语缩略词。（每小题 1 分，共 10 分）

1. 联合国_____   2. 全美篮球协会_____
3. 激光唱片_____   4. 硬黑_____
5. 不明飞行物_____   6. 千克_____
7. 中国中央电视台_____   8. 停车_____
9. 英国广播公司_____   10. 体育课_____

四、按括号内所给要求写出适当形式。（每小题 1 分，共 5 分）

1. white（反义词）_____   2. I'm（完整形式）_____
3. What is（缩略形式）_____   4. It's（完整形式）_____
5. Uu（同音词）_____

五、单词归类（每小题 1 分，共 8 分）

A. 请把下列单词按所给类别归类。

phone see he speak red green desk she black write me yellow pencil listen white read eraser I it chair

1. 颜色：_____
2. 用品：_____
3. 动作：_____
4. 人称：_____

B. 试试看，每组再补充一个词。

5. _____ 6. _____ 7. _____ 8. _____

六、根据句意及单词首字母选择 Starter 1—3 单元所学的词汇填空（每小题 1 分，共 12 分）

1. She goes there every a _____ .
2. On the wall of his office was a large m _____ .
3. What are you doing tomorrow e _____ ?
4. Which one do you like better, an apple or an o _____ ?
5. Linda is f _____ and sends you her love and best wishes.
6. He told me not to forget to bring my r _____ .
7. Kate is a g _____ cook.
8. The color of my car is b _____ .
9. The sky is r _____ when the sun rises(升起).
10. The students usually have classes at 8 o'clock in the m _____ .
11. Do you know the k _____ to the question?
12. She said h _____ to me when she saw me yesterday.

4. 与本单元话题相关的基础阅读类作业

初中英语词汇作业应结合语境、放到语篇中进行。学生通过大量的阅读和完形填空作业来巩固所学词汇。如：

完形填空

Bill's __1__ lives in London and works in an __2__ . Her __3__ is 21, Green Street. She gave him a beautiful __4__ last summer, and he writes a __5__ to her with it every week. She writes to him every week, too. She writes on blue __6__ , and then puts it in a blue __7__. Sometimes she finds a blue __8__ and puts that on her letter. Then everything is blue! When her letter is ready, she puts it in a __9__ in her office, and a man takes it away at 12 o'clock. It usually gets to Bill's __10__ the next day.

(　　) 1. A. boy-friend　　B. girl-friend　　C. brother　　D. father
(　　) 2. A. factory　　B. school　　C. office　　D. zoo
(　　) 3. A. park　　B. bank　　C. address　　D. shop
(　　) 4. A. pencil-box　　B. pen　　C. bag　　D. book
(　　) 5. A. book　　B. letter　　C. article　　D. passage
(　　) 6. A. paper　　B. pen　　C. desk　　D. book
(　　) 7. A. box　　B. letter　　C. bag　　D. envelope
(　　) 8. A. stamp　　B. paper　　C. envelope　　D. letter
(　　) 9. A. desk　　B. box　　C. pencil-box　　D. wallet
(　　) 10. A. hand　　B. school　　C. park　　D. brother

阅读理解

(A)

根据以下个人信息卡，选择正确的答案

FIRST NAME：Linda　　LAST NAME：King　　CHINESE NAME：Aihua
SEX（性别）：F　　AGE：28　　NATIONALITY（国籍）：Australia
ADDRESS：32 Sun street, London　　POSTAL CODE（邮编）：3502
PHONE NUMBER：6372-8209　　E-MAIL：lin29@yahoo.com

(　　) 1. The woman is _____.
A. Chinese　　B. English　　C. American　　D. Australian
(　　) 2. Her family name is _____.
A. Aihua　　B. Linda King　　C. King　　D. Linda
(　　) 3. She is _____ years old.
A. 28　　B. 29　　C. 32　　D. 35

(B)

The students were having their chemistry class. Miss Li was telling the children what water was like. After that, she asked her students, "What's water?" No one spoke for a few minutes. Miss Li asked again, "Why don't you answer my question? Didn't I tell you what water is like?"

Just then a boy put up his hand and said, "Miss Li, you told us that water has no color and no smell. But where to find such kind of water? The water in the river behind my house is always black and it has a bad smell. " Most of the children agreed with him.

"I'm sorry, children," said the teacher, "Our water is getting dirtier and dirtier. That's a problem. "

(　　) 1. The students were having their _____ class.

A. English　　　　B. Chinese　　　　C. chemistry　　　　D. math

(　　) 2. Miss Li was telling the children what _____ was like.

A. water　　　　B. air　　　　C. earth　　　　D. weather

(　　) 3. A boy said, "The water in the river behind my house is always _____ ."

A. white　　　　B. black　　　　C. clean　　　　D. clear

(　　) 4. Most of the children _____ the boy.

A. agreed with　　　B. wrote to　　　C. heard from　　　D. sent for

(　　) 5. The water in the river has color and smell because it is getting _____ .

A. more and more　　　　　　　B. less and less
C. cleaner and cleaner　　　　　　D. dirtier and dirtier

(C)

Some girls are talking about their best friends.

Lily, England Mary, a girl from America, is the most confident girl that I have ever met. She looks confident, but I don't have enough confidence and I am quite shy. We have very different personalities. This is why we are such good friends.	Lucy, Canada My best friend is Ana. We spent a lot of time together until we were 12 years old in Canada. Then I moved to America with my family. When I went to college in New York, I saw Ana in my class. We were very glad to study together again.
Betty, Australia My best friend is Fanny. She is friendly and helpful. Once I got sick with flu, she came to take care of me. She is also very bright. But sometimes she gets angry, she usually shouts at me for my being late.	Yamato, Japan I love to spend time with Dick. We share the same sense of humor. We like telling jokes and enjoy talking about the funny things we did when we were children.

(　　) 1. Mary is from _____ .

A. America　　　　B. Canada　　　　C. Australia　　　　D. Japan

(　　) 2. _____ moved to America when she was 12 years old.
A. Lily   B. Lucy   C. Betty   D. Yamato
(　　) 3. Yamato and Dick both _____ .
A. often study together   B. take care of Fancy
C. like telling jokes   D. look confident

(D)

阅读短文，回答问题。

Here are my three photos.

This is my friend, Wu Huan. She is a good girl. She is 11 years old. She is in Shanghai with her family. She likes vegetables and chicken. She doesn't like ice cream or strawberries.

This is me. My name is Chen Ming. I am 12 years old. I'm a middle school student in Beijing. I like eating fruit and vegetables, but I don't like eggs or carrots.

This is my friend, too. His name is Doudou. He is 12 years old. He is in Beijing with me. He likes bones(骨头). He doesn't like broccoli. He likes playing with balls. He is a nice dog!

1. How many friends does Chen Ming have?

_____

2. Who like vegetables?

_____

3. Where is Wu Huan from?

_____

4. How old is the dog?

_____

5. What is the best title of the passage(文章)?

_____

5. 口笔头表达类作业

教师还应设计运用本单元词汇完成较为开放性问题的表达类作业。

请根据下面的提示问题和提示词语，介绍一下你的书包。

提示词汇：pen, brown, ruler, blue, like

提示问题：

What's your name?

- How old are you?
- What do you have in your bag? And what color are they?

写作要求:
(1) 可以适当发挥,不少于 30 词。
(2) 意思连贯,符合逻辑,设想合理。

6. 知识链接类作业

教师还可以根据单元话题和词汇,设计一些激发学习兴趣,拓宽知识面的作业。例如:

(1) 诗歌赏析。

Welcome the Sunshine

Good morning my dear,
The day is here,
Forget all your stress and fear,
Start this day with a bright cheer,
Life is not stressful as it appears,
So best wishes for a new start,
Have a good day to play your part,
Good morning!

Colors

C. G. Rossetti

What is pink? A rose is pink	什么是粉红色?
By the fountain's brink.	喷泉边的玫瑰就是粉红色。
What is blue? The sky is blue,	什么是蔚蓝色? 天空就是蔚蓝色,
Where the clouds float through.	云朵飘过其间。
What is white? A swan is white,	什么是白色?
Sailing in the light.	阳光下嬉水的天鹅就是白色。
What is yellow? Pears are yellow,	什么是黄色? 梨儿就是黄色,
Rich and ripe and mellow.	熟透且多汁。
What is green? The grass is green,	什么是绿色? 草就是绿色,
With small flowers between.	小花掺杂其间。
What is violet? Clouds are violet,	什么是紫色? 夏日夕阳里的
In the summer twilight.	彩霞就是紫色。
What is orange? Why, an orange,	什么是橘色? 当然啦!
Just an orange!	橘子就是橘色。

(2) 常见的英文缩写。

在平时的学习和日常生活中，我们经常会碰到一些英文缩写，请记住它们的含义，以备在今后生活实践中运用。

MBA	工商管理硕士	NBA	全美篮球协会
OK	好吧（答语）	PC	个人计算机
PE	体育课	PLA	中国人民解放军
PRC	中华人民共和国	RMB	人民币
SAR	特别行政区	TV	电视；电视机
UFO	不明飞行物	UK	联合王国
UN	联合国	ABC	美国广播公司或澳大利亚广播公司
AD	公元	BA	文学学士
BBC	英国广播公司	BC	公元前
BEC	商务英语证书	CAAC	中国民航
CBA	中国篮球协会	CBC	加拿大广播公司
CCP	中国共产党	CCTV	中国中央电视台
CD	光盘	DDD	国内长途直拨
DJ	音乐节目主持人	EMS	邮政速递公司
HK	香港	IBM	美国的一家电脑公司
ID	身份（证）	IDD	国际长途直拨
IOC	国际奥林匹克委员会	IQ	智商
IT	信息技术	UNESCO	联合国教科文组织
USA	美国	VIP	重要人物
WTO	世界贸易组织	P	停车
a.m.	上午，午前	p.m.	下午，午后
cm	厘米	mm	毫米
kg	千克；公斤	km	千米；公里
W.C.	厕所	MTV	音乐电视

此外，我们还布置通过听读课本词汇音频、课文音频、电脑或手机 APP，如"百词斩""趣配音""E 听说"来布置词汇突破类作业。

教师在进行多维联动的单元基础类作业设计时，要将听、说、读、写、看、演（模仿）的理念贯穿始终，突出学生"学习目标"的设计，突出学生的"学"，从基础性、综合性、拓展性等方面设计题目，以便实现学生的自我评价，便于教师个性化指导。学生依据学习任务和目标，遵循学科学习规律，开展学习活动，生成学科思维，养成会学习、自主学习的习惯和能力。

第三节 高中基础类作业设计

普通高中英语课程应在有机衔接初中学段英语课程的基础上，通过必修课程为所有高中学生搭建英语学科核心素养的共同基础，使其形成必要的语言能力、文化意识、思维品质和学习能力，为他们升学、就业和终身学习构筑发展平台（教育部，2020）。在2019年投入使用的新版高中英语教科书中，每个单元围绕特定主题选择和组织了不同语篇，旨在通过多种学习活动引导学生从不同视角探究主题意义，综合发展听、说、读、看、写等语言技能。以北京师范大学出版社的普通高中教科书《英语》为例，每个单元均设置单课练习、综合练习、单元反思、单元综合练习等丰富的内容。笔者根据单元教学进度，以日、周、单元完成周期为单位设计基础类作业，旨在夯实学生基本语言技能，培养及时复习、定时反思的学习习惯，主动调整学习策略，逐步形成单元整合性学习、关联性学习的意识。

一、常规作业

（一）单元课时作业与单元作业

遵循"单元整体设计"的思路，将单元学习过程中课时作业明晰化，关注学习过程的内化与运用；设计指向单元主题意义探究的综合性作业，引领学生通过单元多模态语篇的学习，逐渐形成对单元主题较为深入的、结构化的认知，生成正确的态度和价值判断能力，为融合发展核心素养奠定了基础（王蔷、王琦，2020）。

以北京师范大学出版社的普通高中教科书《英语》选择性必修四第12单元 Innovation 为例，主题语境为人与社会，主题群为科学与技术，主题语境内容是科技发展与信息技术创新、科学精神。在分析语篇、确定单元学习逻辑后，笔者设计了单元学习过程中课时（40~80分钟）作业与单元任务（如表4–5所示）。

表4–5 课时作业与单元任务

课时内容	课时作业
Innovation Topic Talk	口头描述个人已知的创新
Reading Club 1 *Ancient Chinese Inventions*	用英语选择介绍中国古代四大发明的基本内容之一及其重要意义

续表

课时内容	课时作业
Reading Club 2 *Simple Inventions that Change the World*	用英语介绍钟表、冰箱和电梯的发明信息并能阐述就"改变世界的简单方面"表达个人观点
Lesson 1 *Scientific Breakthroughs*	选择介绍20世纪的重要发明创新及其原因
Lesson 2 *Aha Moment*	通过学习,你纠正了关于 Aha moment 的哪些错误观点。结合个人实际情况,谈谈在实践创新方面,哪个步骤(阶段)对你来说最为重要
Writing Workshop *An Introduction of an Inventor and His/Her Invention*	完成补充阅读,并思考马斯克和瓦特之间在创新上有何异同
Lesson 3 *Stephen Hawking*	霍金创新的领域是什么?对人类有何影响?他的故事对你有何启发
Viewing Workshop *How New Technology Helps Blind People Explore the World*	结合 Topic Talk 讲到的创新故事,归纳概括这些创新故事有何共同点,对你有何启发
单元任务(小组合作)	策划以"科技创新"为主题的小型展览,设计展览标题、内容、具体展品并解释原因。 专业策展人、师生共同制定评价标准,学生分小组进行策展准备(课上课下,邀策展人做评委)。课堂就策展进行说明并互评,最后选出策展优胜奖。改进组可根据策展人建议再次提交,再进行布展

(二)单元结构化知识图

从主题意义的建构方式来说,英语结构化知识是对主题信息的梳理和整合,从而"建立知识之间的逻辑,以及知识与语言之间的有机关联"(王蔷等,2019)。思维导图或信息结构图等可视化工具,引导学生在零散的信息和新旧知识之间建立关联,归纳和提炼基于主题的新知识结构(教育部,2020)。可视化工具可以贯穿于2~3周的单元学习周期中,不仅成为学生课堂上梳理不同语篇主题信息及逻辑关联的有效途径,还为学生课下结合个人需求固化语言知识和文化知识提供了依据,是课堂内外的连接纽带。

结构化知识的建构不是固定模板下的词汇填充,而是能体现学习共性和个性的动态结构。在单元教学中,学生可以基于语篇互文性特点通过主题词块积累的方式整合单元主题下的核心语言知识和文化知识,也可以提炼出有关主题表达的相似或不同的语法特点及语篇结构。随着单元学习的深入,学生通过可视化结构图，把单元多个语篇有逻辑地联系起来并进行有意义的建构（如图 4-3 所示）。结构化知识的建构是学生了解英语语言结构特点与语篇特点，培养语言习惯的过程，也是学生学会选择适合自己的学习方法和策略并养成自我反思习惯的过程，从而在自主学习和合作交流的体验中学会学习（教育部，2020）。

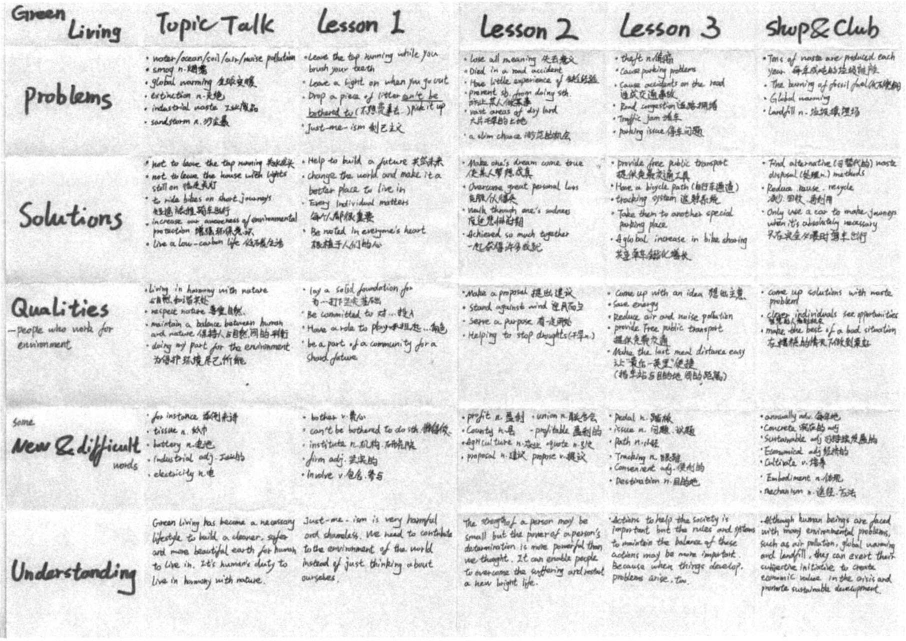

图 4-3 单元结构化知识图（王滢颖）

（三）日作业、周作业

遵循多维联动作业设计理念，在学生每日作业、每周作业中兼顾听、说、读、写、看、演（展示）技能的发展，同时也可以基于主题互文性拓展其他语篇，尤其是多媒体素材，使之与教材语篇在语言知识、文化知识等方面建立关联或复现，帮助学生从多角度探究单元主题，通过辩证思考和比较鉴别促进批判性思维的发展（如表 4-6 所示）。除此之外，给予学生自主选择、自主建构、自主发展学习资源的时间和空间。

表 4-6 日作业、周作业和单元作业

每日作业	每周作业	每单元作业
朗读课文	背诵重点文段	单元结构化知识图
基础知识练习（教材配套练习、地方配套练习册）	根据学案完成 Teens 或小说阅读，并按照主题积累语料	单元练习题

续表

每日作业	每周作业	每单元作业
课堂口头表述内容转化为书面表达	积累主题词块、主题写作素材等	单元测试题
预习	课前演讲	

需要注意的是，教学中教师应依据课堂学习、课时作业、单元作品、学生反馈等及时了解学情，调整单元学习节奏及作业设计。教师也可以通过"问卷星"等 APP 设计微调研，比如："本单元中哪个部分的学习你收获最大？为什么？下一个单元你想改进和提升的方面是什么？"引导学生及时反思，及时反馈，积极提出建议，做学习的主人。

二、作业评价——以写作为例

写作是学生综合运用语言，表达所思所想的方式，也是各类考试中常见的题型。提升学生的写作能力一直广受重视，文段写作、读后续写、读后表达、书面表达等作业经常会成为师生的"吐槽点"，颇有些费力不讨好的感觉。写作能力的提升不是一蹴而就的，而是循序渐进的，需要学生发挥主体意识，学习和提升评价能力，在持续的评价和互动反馈中改进。持续性评价，即依据深度学习目标，确定清晰的评价标准，为学生的深度学习活动持续提供清晰的反馈，帮助学生改进学习（刘月霞、郭华，2018）。制定评价方案、确定评价反馈的内容与形式、论证评价方案、公开评价标准是开展持续性评价的四个关键步骤。

几年来，笔者通过行动研究，不断探索以同伴互评为核心、自我评价与教师评价为辅助的过程性写作评价方式，取得了一定的效果。

（一）了解学情的动态发展是开展持续性评价的基础

教师需要了解学生写作能力的差异性，为不同学生的发展制定个性化的方案。比如，善用好词好句的学生文章有可能缺乏逻辑性，逻辑思维能力强的学生有可能语言表达上有缺陷，基础薄弱的学生首先需要落实语言的准确表达等。其次，教师需主动沟通，帮助学生分析各自的问题，并提出具体修改建议、学习建议，持续推动学生的学习与发展。

（二）制定合理的评价标准是开展持续性评价的保证

教师和学生可充分利用教材提供的单元写作评价量规，结合考试评价标准，师生在互评前共同学习，并将之合理运用。以北京师范大学出版社的普通高中教科书《英语》必修一第 1 单元 Life Choices 中写作非正式邮件（informal letter）的评价量规为例（如图 4-4 所示）。

> ☐ Is it an email to a family member or close friend?
> ☐ Is the email written in a proper email format? For example, does it have a subject line, greetings, some questions, and also information provided?
> ☐ Does it end with a reason appropriately?
> ☐ Does the writer use simple and informal language?
> ✓ Mark any spelling, punctuation or grammar errors.
> ✓ Mark any unclear expressions. Give suggestions if you can.
> ✓ <u>Underline</u> the expressions you like.

图 4-4　评价量规

该评价从信的语言风格、格式等方面展开，既关注写作中的亮点（划出你喜欢的表达，underline the expressions you like），也引导学生关注拼写、语法、表达不清等问题并提出建议。评价能力是学生学习能力重要的组成部分，学生把握评价标准的过程就是内化语言知识和技能、形成自主学习能力的过程（曾燕文，2021）。因此发展学生的评价能力，引导学生把握评价标准，学会评价非常重要。

下面以学生第一次开展同伴互评的作品为例，说明互评初始阶段的情况，如图 4-5 所示。

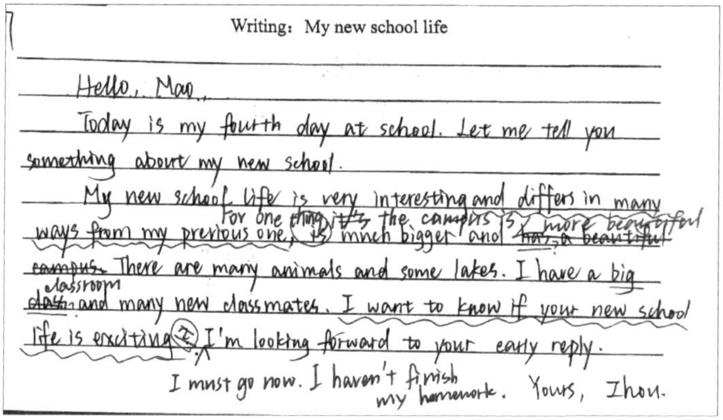

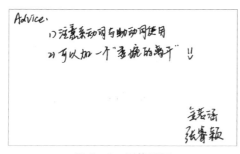

图 4-5　同伴互评

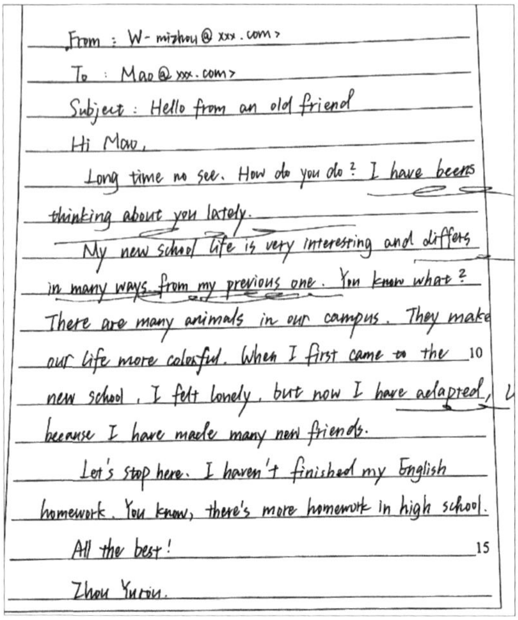

```
From: W-mizhou@xxx.com
To: Mao@xxx.com
Subject: Hello from an old friend
Hi Mao,
    Long time no see. How do you do? I have been
thinking about you lately.
    My new school life is very interesting and differs
in many ways from my previous one. You know what?
There are many animals in our campus. They make
our life more colorful. When I first came to the    10
new school, I felt lonely, but now I have adapted,
because I have made many new friends.
    Let's stop here. I haven't finished my English
homework. You know, there's more homework in high school.
    All the best!                                    15
    Zhou Yuxin.
```

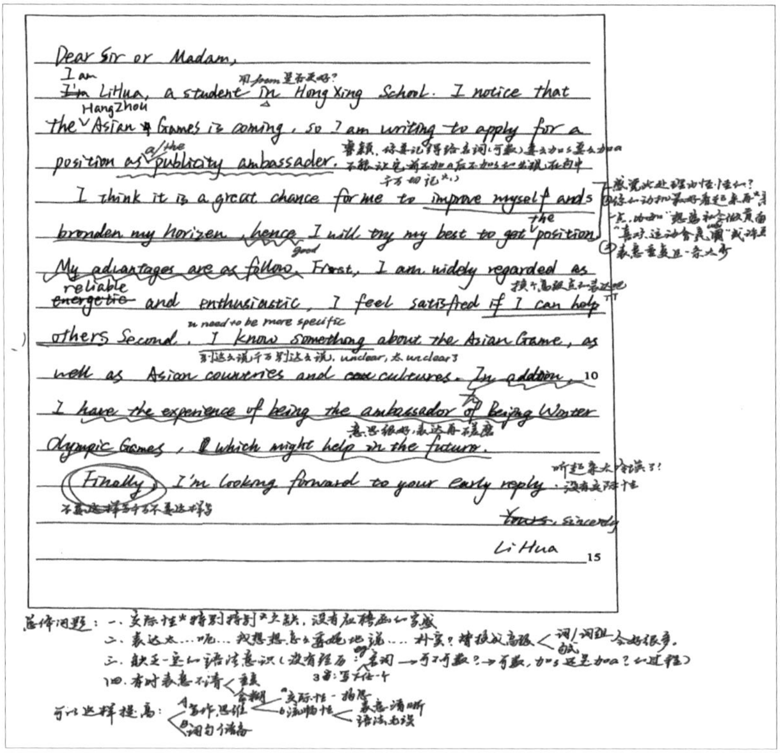

```
Dear Sir or Madam,
    I am
    I'm LiHua, a student in HongXing School. I notice that
                              HangZhou
the Asian Games is coming, so I am writing to apply for a
position as publicity ambassader.
    I think it is a great chance for me to improve myself and
broaden my horizon, hence I will try my best to get position.
My advantages are as follows. First, I am widely regarded as
reliable
energetic and enthusiastic. I feel satisfied if I can help
others. Second, I know something about the Asian Game, as
well as Asian countries and cow cultures. In addition,    10
I have the experience of being the ambassador of Beijing Winter
Olympic Games, which might help in the future.
    Finally, I'm looking forward to your early reply.
                                              Yours sincerely,
                                                       Li Hua   15
```

图 4-5 同伴互评（续）

（三）培养学生参与评价的意识和评价能力是开展持续性评价的核心

评价是发展学生深度学习能力不可或缺的部分，它能增强学生对学习的责任感，在互评中还能增加学生社会交往的机会，提升学生交往的技能。更为重要的是，评价过程是学生理解和内化评价标准的过程，因此要让参与评价成为一种习惯（曾燕文，2021）。

从图4-5的同伴互评作品来看，学生通过两年的学习与实践，对写作的评价标准逐步内化与运用，不仅可以从内容、结构、语言等方面进行点评，还可以提出有效建议。正如学生所说："改同学作文（的过程）其实在很大程度上帮我自己思考我的作文有哪些问题，以及如何改进。"

（四）教师集中反馈与个性化反馈中的示范引领是开展持续性评价的有力保障

写作讲评作为写作教学中常用的集中反馈方式，在提高学生的写作能力、增强学生的写作信心等方面起着重要作用。因此，教师应将课堂集中反馈与课后个性化反馈有效结合，强化作业反馈的育人功能。

集中反馈关注评价标准中内容、结构、语言方面共性问题，分析原因并做相应的练习，通过范文、学生佳作的深入研读引导学生取长补短。个性化反馈以鼓励为主，帮助学生明确阶段努力方向。下面为笔者设计的写作讲评学案。

U12 作文讲评

假设你是红星中学的李华。你的美国朋友 Chris 目前在北京学习汉语，他对中国传统文化非常感兴趣。你校将要举办一个茶文化主题活动，请你给他写一封电子邮件，邀请他来参加。

电子邮件内容应包含以下要点：

1. 活动的时间地点；
2. 活动的具体安排；
3. 你将陪同并帮其翻译讲解。

注意：

1. 词数不少于50；
2. 可适当增加细节，以使行文连贯；
3. 开头和结尾已给出，不计入总词数。

一、审题

文体：_____ 人称：_____ 时态：_____

交际对象：_____ 邀请内容：_____

二、注意事项

1. 活动的具体时间需要明确,而不是笼统地写上午、下午。
2. 时间地点表述应为地点在前,时间在后。具体几点钟在前,日期在后。
3. 活动的具体安排需考虑可行性,不宜过多。
4. 关键信息表达:

沏茶_____   品茶_____

红茶_____   茉莉花茶_____

茶馆_____   茶壶_____

陪伴某人_____

5. 书写要求:规定行数,注意分段,卷面整洁,不使用涂改液等。

三、邀请信常用语

1. It's my pleasure to invite you...
2. It gives me the greatest pleasure to invite you to...
3. Will you and Mrs. Smith give the pleasure of dining with us at the Beijing Hotel at eight o'clock on Sunday, October 10th?
4. I do hope that you will be able to come.
5. We should be very grateful/pleased if you could come and join us.

四、Possible version

Dear Chris,

How is your Chinese study going? Knowing that you are fascinated by Chinese traditional culture, I'm glad to invite you to take part in our Chinese tea culture activities.

The activities will be held in the dining hall of our school from 2 p.m. to 4 p.m. on Friday, July 7th. Students from our school tea club will perform tea ceremonies, including setting the table, making the tea and serving it. The performance will be followed by us enjoying the tea and chatting with each other. I think it is a good chance for you to get more knowledge about Chinese tea culture. Don't worry about the language. I will accompany you and give an explanation if necessary.

I sincerely hope that you could join us at your convenience. Please let me know if you can come.

I'm looking forward to your reply.
Yours,

Li Hua

五、学生佳作

高中阶段多维联动基础类作业设计，突出学生单元学习的关联性、递进性与整合性，充分借助现代信息技术，将听、说、读、写、看、演（展示）融合发展的理念贯穿始终，引导学生参与制定评价标准，学会自我评价和同伴互评，引导学生在"做"中"学、思、悟"，引导学生体验认知、情感、价值观的健康发展，发挥英语学科工具性与人文性的有机融合。

第四节　拓展创新类作业设计

一、拓展创新类作业及作用

拓展创新类作业具有拓展性、实践性、创新性、综合性等特征，强调发展学生综合语言运用能力，培养探索、合作、创新、新情境下问题解决等能力。

拓展创新类作业为不同发展阶段的学生提出能力提升的具体方向，通过自主学习和合作学习的方式引导学生有效选择和使用包括元认知策略、认知策略、交际策略、情感策略在内的学习策略发展，帮助学生提升理解和表达、提高学习效率，为自主学习打下坚实基础。

拓展创新类作业从设计意图上通过灵活多样的作业形式，开发利用多种学习工具，引导学生开展自主学习、合作学习、探究学习，发展学生学习能力。除传统的书面作业外，科学有效地利用信息技术手段丰富听、说、看、演的作业，帮助学生提升多语言技能，强化多模态语篇情境中发展和运用综合语言能力。此外，依据课程标准理念，优化已有拓展作业，使之成为服务于解决真实情境中复杂问题或服务单元主题的综合性、实践性的学习活动，为学生内化、运用、迁移语言知识和文化知识搭建支架，促进学生形成单元结构化知识，发展学科思维能力。

二、拓展创新类作业设计与实施——听说联动类

听说联动类作业旨在引导学生根据学习实际情况，充分利用互联网、手机、智能教学平台等终端，以听促说，以说促学。

5G时代的到来加速了信息技术与教育教学的深度融合。当前，信息技术在英语教学中的应用形式多样，内容丰富。《普通高中英语课程标准》明确提出：教师应重视现代信息技术背景下教学模式和学习方式的变革，充分利用信息技术，促进信息技术与课程教学的深度融合（教育部，2018）。《义务教育课程标准（2022年版）》明确指出，要积极关注现代信息技术在英语教学应用领域的发展和进步，努力营造信息化教学环境，基于互联网平台开发和利用丰富的、个性化的优质课程资源，为学生搭建自主学习平台。教师要将"互联网+"融入教学理念、教学方法、教学模式中，深化信息技术与英语课程的融合，推动线上线下学习相结合，提高英语学习效率。

使用互联网或手机终端的应用软件提升学生英语听说能力的方式受到教师及学生的青睐，比如趣配音、盒子鱼英语等。教师可根据学情，指导学生选择适合个人水平的听说资源，以模仿为重点，帮助学生培养语音语调、纠正发音、朗读句子、模仿台词等基本语言知识。教师还可以通过举办班级、年级活动等形式扩大其影响力，如举办年级趣配音比赛等。

作业设计案例以七年级上学期学生使用"趣配音"APP为例，如表4-7所示。

表4-7 学生使用"趣配音"APP完成作业

设计流程	学生活动	教师活动	评价方式
1	按照教师发布的使用流程操作说明完成注册、浏览APP界面等	发布操作说明（配截屏）	
2	根据教师建议、个人兴趣等选择适合的配音作品，练习后上传分享至班级群内	根据单元学习主题、学生学段特点等提出建议，如提升元音、辅音、语调表达清晰度和流利度等	学生结合APP自动生成评价，进行自评、生生互评、教师点评
3	班级内展示个人配音作品	教师定期选取学生典型作品，课上分享。如：既可以按照准确度、流利度、完整度评价，也可以根据学生个体差异，鼓励进步学生	自评、互评、教师点评相结合
4	根据配音展示活动的具体要求准备作品，练习、欣赏、学习他人作品	学期或学年结束，以班级为单位，设计年级配音展示活动并总结颁奖	自评、互评、教师点评相结合

续表

设计流程	学生活动	教师活动	评价方式
5	反思学期配音练习的收获及改进点，调整策略	配音作品收集、整理，归入学生成长档案袋	自评、互评、教师点评相结合

教师还可以充分利用"E听说"APP提供的纠错反馈，归纳和总结学生易错的单词、发音等内容，指导进一步的学习。

引导学生将"看"技能与"听、说、写"技能融合发展的作业深受师生喜爱，教师在设计听说联动类作业时，可以优先考虑。

三、拓展创新类作业设计与实施——读说写联动类

学生课外阅读量对学生阅读素养的提升发挥着不可忽视的作用。而阅读材料的选择、阅读任务、阅读作业的设计与有效实施对阅读素养的形成与发展至关重要。除课堂阅读教学外，教师需要拓展、创新作业设计，更新评价形式，将阅读与学生课堂学习、生活实际紧密联系，引导学生从读中汲取成长养分，从读中思考生活，汲取正向力量以及解决问题的办法，才能发挥课外阅读的最大力量，使阅读成为学生学习与成长的养料，促进学生语言能力、文化意识、思维品质、学习能力的综合发展。

以下将结合 *Teens*、《常春藤英语》、《典范英语》等拓展阅读案例具体阐述开放型问题作业设计、原版小说导读作业设计以及学生口头报告作业设计。

（一）开放型问题设计

阅读是写作的源头活水，同样写作也可以促进更系统、更深入的阅读。研究表明，学生如果读后进行写作活动，那么他将能获得阅读内容的近70%的信息（Daniels 等，2007）。因此在培养阅读能力的同时，我们提倡逐步加入读写结合的方式，促进学生读写能力的增强。但写作能力本身并不会单纯地越练越好，而是同样需要教师系统的指导（Altieri，2014）。开放型问题的设计要将学生所读与生活实际关联，以学生输入文本为基础，以培养学生多元思维为目的，激发学生思考和表达的兴趣，并且能够迁移文本语言，促进学生语言和思维的协同发展。

【高中案例】

Unexpected impacts

These days, the environment is a huge topic. It seems like we're always being reminded to recycle, or to ride a bike instead of taking a taxi.

However, it isn't just garbage and vehicles(车辆) that can cause damage to the environment.

According to a recent study by the University of California, published by the journal *Science Advances*, fertilizer(化肥) in farm soils is a major contributor to smog(雾霾) in nearby cities. According to the research, agricultural soils make up of 25 to 41 percent of nitrogen oxide emissions(氮氧化物排放) in California. Nitrogen oxide, or NOx, is a major factor(因素) in smog formation.

"Emissions of NOx from agricultural areas are much higher than we used to believe and could be a major source of NOx statewide," the researchers wrote in the study.

Just like fertilized farmland, there are many other items that we wouldn't expect to have a huge impact(影响) on the environment. Take clothes for example. Data(数据) published by the World Wildlife Foundation says that on average, every kilogram of cotton takes around 10,000 liters(升) of water to produce.

This means that it takes around 6,000 – 8,000 liters of water just to create a single pair of jeans, not to mention the carbon produced when they're made in the factory and then transported to a store. And even what we choose to eat could be bad for the planet.

In a 2014 study carried out by Gidon Eshel, a professor at Bard College in New York, US, it was found that beef farming could be causing more damage to the environment than all of the planet's cars combined.

Eshel wrote that beef needs 28 times more land and 11 times more water to produce than pork or chicken.

So does this mean that we should all stop buying jeans and eating beef? That would certainly help, although it's not a realistic goal.

Instead, a few simple changes could be made. For example, there's no need to buy new jeans every year when a good pair can last much longer than that.

And when it comes to food, replacing the beef in our dishes with chicken or pork every now and then will still mean they taste as delicious.

Indeed, small actions could make a huge difference to our planet.

By Dale Fox, 21st Century Teens staff (https://paper.i21st.cn/story/123786.html)

通过案例介绍那些被我们忽略的环境"杀手"。笔者设计的开放型问题：After reading the passage, please give an example of unexpected pollution and explain the reason. 以下为学生作品：

(1) Plastic bags will certainly damage environment in our daily life. Because plastic bags are hard to degrade and break down, it will exist in the soil for many years and

do harm to the soil and other creatures in the land. (Wang Yinan)

(2) The packages of express delivery are a kind of waste in our life, which are damaging our environment. Few packages can be reused because… (Liu Yuhan)

(3) Light pollution is a kind of unexpected item, which is harmful to our environment. When it comes to light pollution, many people must imagine the bright and prosperous night in big cities like Beijing, but less realize that it is pollution that influences our body clock, causing some diseases and stress. Besides, it also has a negative impact on the growth of plants, like flowers and trees. (Zhang Zongyun)

(4) I bet you haven't heard that taking shower may pollute environment. Taking a bath for 10 minutes, your body can absorb chlorine which is harmful both to your health and air. Data shows that taking shower provides 100 times more chlorine than drinking 4 liters of running water. (Wang Tianyi)

(5) I think the air conditioner in some big shopping malls can be counted as unexpected items that cause damage to environment. During hot days, the mall makes the temperature much lower than outside. In winter, it is the same story. As a result, setting the air conditioner temperature lower or higher can release ____, creating a waste of electricity somehow. (Chen Mingjia)

学生通过呈现现象、探究原因或指出后果等方式，完成读后表达的拓展性作业，有效夯实了现象—原因—后果这一行文结构，并为后续表达打下基础。除以上作品外，还有若干环境污染隐形杀手被学生提及，如：The internet, overuse of paper, thrown battery, leakage of crude oil, glass - light pollution, electronic products, decoration, the residues of cigarette, hardcover, electricity 等。由此，我们可以看到学生在"读"中思考，以多元视角有效链接生活；"读"后迁移，运用所读文本语言表达观点，有助于培养批判性思维。

开放型问题作业实施建议：教师要关注开放型问题类作业的及时、有效反馈。通过展示学生作品，积极开展自评、互评、点评，肯定学生读后迁移实践语言、批判性思维的体现，以及坚持、努力等优秀品质，充分发挥作业反馈的育人功能。

（二）原版小说导读作业设计

在初高中英语教学中，拓展性阅读大致可分为篇章阅读和整本书阅读。篇章阅读的呈现容易碎片化，整本书阅读具有高度综合性、情境性、完整性，在培养学生核心素养以及终身阅读习惯方面具有独特优势（张金秀，2019）。完整的书册阅读，无论是内容较为简单的绘本阅读还是篇幅长且内容复杂的名著阅读都可以被视作整本书阅读。目前市场上可购买到适合不同年级学生的分级书目、原著简写本，以及英语原版书籍如文学名著、青春小说等书。原版小说为学生提供了广泛的阅读选择，它们语言地道，是极佳的语言学习材料；情节连贯，吸引学生，有助于学生获得沉浸式阅读体验，从而获得更强的阅读动力，易于坚持；主题风格多元，可以为学生提供或是广阔的时代视角，或是想象空间，能引导学生在阅读中开阔眼界，丰富内心世界，进而融会贯通地提升整体阅读素养和人文素养。

原版小说的导读课、作业设计以及固定的分享交流课对学生坚持阅读意义重大。笔者以学生喜爱阅读的英文原著 *Harry Potter* 第一部为例，介绍导读作业设计思路。

全书共 17 章，在导读作业设计上，教师充分了解班级学情，将主题探究、人物性格及变化、情节发展贯穿其中。除此之外，教师可为学生预留一定的自主空间，比如设置"What impressed you most in this chapter? Why"或"是How does the author present the character in this chapter"等需要学生根据文章，自选角度，举例论证的问题。学生可独立阅读，也可结对阅读，每周进行一次阅读分享课。这种方式有助于发挥学生学习的自主性，促进学生在新情境中迁移教师课堂中文本分析的方法，培养学生文本梳理归纳能力、分析判断能力以及作品鉴赏能力。分析学生学案，笔者看到有的同学采用了情节梳理的办法，列出了本章节中的主要时间及主要事件，帮助同学复现了小说的情节；有的同学进行了修辞手法的分析，如明喻、暗喻、拟人、对比等；有的同学从人物性格入手，结合人物的动作、语言进行分析；有的同学关注语言的精准表达，展开词汇"教学"，极大地提升了精准使用词汇的能力。学生在毕业后写的感悟中谈道："我曾经不知道英语这门学科该怎么学习，因为我只有在每天短短的四十分钟英语课上刻意地学习它，虽然我很努力地完成老师布置的每一项作业，但是总感觉英语语感不行，与那些高手比起来还差很远，成绩也时好时坏，我很茫然。但是上了高中后，尤其是高二下学期至高三这段时间，老师潜移默化地告诉我，学英语不能只想着应试，要努力培养英语的学习环境，比如沉浸于小说的海洋。临近高考，翻阅高手的范文，我才懂得（高手的）作文与前期的小说阅读（习惯）有着密切的关系，（我）有些遗憾为什么没有早早懂得这个道理，但也庆幸自己现在懂得了培养语感、坚持阅读的必要性，相信未来，我可以通过这样的办法一点点地完善自己的英语学习。"

实施建议：教师应把导读作业与课堂分享充分结合，通过批改导读作业，发现学生阅读中的共性障碍，在课堂上予以引导；通过作业反馈，肯定学生的进步，给予具体阅读建议；通过分享中的互动、点评，取长补短，引导学生调整阅读策略。导读作业与分享的设计给予学生更广阔的阅读思考空间，减少了教师对阅读的控制，有助于不同层次的学生在阅读作品中有不同的感悟、体验和收获。

（三）学生口头报告作业设计

口头报告（Presentation）是一项需要复合能力的活动，是报告人知识、能力和态度的综合体现（De Grez 等，2009）。具体在英语教学上，初高中学生在教师的指导下，选取报告题材、筛选与整合信息、确定报告内容并将其有效地传达给同学和老师。口头报告是学生筛选信息能力、思维能力、评价能力、沟通能力、表达能力的综合展现，能够促进学生不断调整学习策略，提升表达自信。口头报告一直是笔者多年来坚持并不断优化的作业。口头报告由设定话题到自主选择，由小组合作到个人独立展示，由教师评价到学生互评，每次5~7分钟的学生口头报告已经对学生的英语学习产生了积极影响。比如，在口头报告的撰写过程中，学生的选材、语言内化、结构与逻辑等方面有效促进了写作能力的提升；口头报告呈现的内容多元，文学作品、影视作品、传统文化、最新科技成果等极大地激发了学生课外阅读的兴趣，积极影响了学生阅读的广度和深度。

以下案例为高二学生常瑞阳的口头报告（其中P代表了PPT页码）。

P1 Topic—Dogs

Ruiyang Chang

P2 Structure

l DOGS' INTRODURCTION

l SUGGESTIONS

l TIPS

P3 DOGS' INTRODUCTION – TOP 3 of the FCI IQ Rank

P4 No. 1：Border Collie（边境牧羊犬）

l good at herding livestock（especially sheep）

l extremely energetic（not for city life）

l have learned 1,022 words（= the IQ of a 6~8-year-old kid）

P5 No. 2：Poodle（贵宾犬 or 贵妇犬）

l skillful with many dog sports

l have taken top honors in many conformation dog shows

P6 No. 3 German Shepherd（德国牧羊犬 or 黑背）

l large-sized

l strength, intelligence and obedience（employed in police and military）

P7 10 Other dogs you may see in your daily life

P11 Suggestions

If you want a dog, you have to know...

P12 For your home...

1. Dogs create a lot of mess: fur and hair everywhere.

2. Take care of your own things! They will destroy EVERYTHING!

3. Dogs are not clean. And you neither... (Also your family)

P13 For yourself...

1. DO NOT hurt yourself.

2. Time: Keeping a dog will take a lot of time. (eg. walk the dog...)

3. ALSO, more time on dogs than in your friends and family.

P14 What's more

Patient

Love

P15 Tips—You should be careful...

When you feed the dog...

l No Chocolate!!! (Also coffee) Chocolate (Caffeine) will kill your dog! (By stopping the blood circulation)

l No salty food

l Dogs get poor abilities dealing with salt.

P16

l Bones is dangerous. Same of it like chicken bones...

l No Garlic and onion. They will destroy the dog's nose.

l Be careful with milk. Some dogs have trouble digesting milk.

P17

l Peanut

It may cause allergy for some dogs.

l Seafood

Some bacterial is harmless to human but it will kill your dog.

l Pork

It has much more fat than other meat.

P18 Thank you!

口头报告反馈：从报告主题来看，学生根据自己的兴趣爱好自主选择，体现了学生的主体性。常瑞阳同学是一位很有经验的养狗人，他精选报告内容，经过调研，与同学们分享如果要养狗的话应做好哪些准备。从报告结构上来看，P2 就清晰地展示出报告的三大部分，INTRODURCTION、SUGGESTIONS 以及 TIPS （when feeding the dog）。在具体内容方面，他注意选取核心词组如 be good at、be harmless to 等帮助有条理地描述个人体验和表达个人的见解。除此之外，建议具体可行，能够在报告者和听众中间传达有意义的信息。在词汇使用方面，他选取的词汇基本适合高二学生的水平，有个别较难词汇，如 obedience，他能够运用短语"follow whatever you say"进行解释。在语用方面，他能够根据交流场合和交流对象运用得体的语言与他人沟通，表达观点。P14 中加入了自己对于养狗的切身体会：Patience（耐心）和 Love（爱）。P15 中使用了"No Chocolate"表达强烈的禁止。从现场效果来说，常瑞阳同学语言表达清楚，有条理，使用恰当的语调、语气和节奏表达自己的意图，并且通过提问和图片展示与同学增强互动。

实施建议：教师应就如何做口头报告与学生进行充分的沟通，主要包括时间限制、内容选取、词汇要求、辅助工具要求以及和同学的互动问题设置。首先是选取内容上不宜过长过难，学生可以选取自己感兴趣的话题和内容进行准备并提前与教师进行沟通。学生在准备过程中对自己选取的材料进行筛选、概括和分析，对主题词、关键词的提炼有助于提升篇章分析概括能力，增强学生对于文章主旨的把握、观点提炼的能力。其次在制作口头报告时要避免呈现大段英文，通过关键词或关键句的呈现，帮助自己和他人厘清思路。最后，在准备演练时，要注重信息有效传递以及现场的互动性、交流性。

语言知识和技能的培养只是口头报告作业的一个方面，从长远来看，学生通过有规律地练习口头报告，由说带动听、读、写等多项技能，培养学习信心，激发学习动机，使学生的思维能力、想象力、审美情趣、艺术感受、协作和创新精神等综合素质得到全面发展，体现英语学科工具性与人文性的统一。

四、拓展创新类作业设计与实施——看读写演联动类

《义务教育课程标准（2022 版）》指出教师在教学中应指导学生坚持开展课外阅读，注重培养和发展阅读素养。一方面，注意选择并补充题材丰富、体裁多样、国内正式出版的英语（分级）读物，或指导学生选择适合自身语言水平和兴趣爱好的阅读材料，确保内容积极向上；另一方面，督促学生每天保证一定的阅读时间，坚持精读与泛读、课内阅读与课外阅读相结合，辅导并支持学生开展如持续默读、阅读日志、故事会、戏剧表演和读书心得分享等活动。《普通高中英语课程标准》中倡议学校定期组织校园英语广播、英语短剧汇演、英语角、专题报告会，开展小组、班级间的英语配音比赛、演讲比赛和辩论赛等积极向上、有利于提高学生语言运用能力的学科实践活动。

在教学实践中，因课时限制，教师需要系统规划课外阅读内容、与单元主题结合，与课内阅读整合，将课外阅读任务统整至课后作业中，并组织学生定期交流展示阅读成果。在成果展示上，教师可以使用翻转课堂，链接课堂内外，拓展学生学习空间，将学习的决定权从教师转移给学生。在这种教学模式下，教师不再占用课堂的时间来讲授信息，这些信息需要学生在课前、课后完成自主学习，在课上，教师进行必要的讲解、组织学生开展讨论等活动。

如初中英语《典范英语》剧本的演出，教师指导每个小组负责小说不同章节的表演。在表演中，学生地道的语音语调充分显示了他们对于英语学习的投入，声情并茂的角色扮演体现了他们的学习积极性，而表演之后他们和老师对于小说主题的讨论给了他们充分的机会反思、领悟和运用语言。

近年来，随着新媒体、自媒体的蓬勃发展，学生接触到互联网或手机终端大量的音频、视频等时效性和互动性强的多模态文本，通过生动的声音、图像、动画等效果帮助学生理解抽象、复杂的学习内容。教师可以根据学生实际、设计与学习主题相关的、便于操作的数字媒体类作业，如制作 vlog 展示特定主题等。教师要注意此类作业设计中学生语言运用能力的评价与反馈，发挥新媒体的积极导向作用。

五、结语

拓展创新类作业设计需要教师从拓展资源出发，整合教学资源、教学目标和学生需求，整体规划，设计有层次、多样化的作业并实施多元、多维的评价反馈，将英语学习的知识性、文化性和思想性等因素有机地融为一体，全面提升学生的学科核心素养。教师应加强对此类作业的及时反馈与效果调研，及时发现学生难点，追踪学生在较长周期的学习效果、有关主题理解的个性化生成过程，帮助学生有意识地反思个人的学习成果。对于教师而言，作业效果调研有助于提升教师的作业观念，主要是指对于作业地位与功能的认识，包括作业是否能提升学生学业成绩、巩固知识与技能、培养习惯、发展能力、激发学习兴趣、提升学科地位等。

第五章
多维联动教学法的推广实践

第一节　初中英语人教版教材以读带写有效教学设计研究

李　岩

内容提要：本文以初中英语人教版教材为本，通过对读写课进行研究，初步探讨出初中英语读写课以读带写这一有效模式。在我们的研究中，在课堂上教师不但重视了对文本的总结与升华，更重视读前、读中和读后尽力设计为写作服务的课堂活动，由易到难，层层铺垫，最终让学生灵活运用阅读材料文体、语言、写作结构等完成同类型的写作任务。本文通过大量研究案例，在读前、读中、读后环节研究整理英语读写课的有效模式。读前激活学生已有的知识储备；读中充分挖掘阅读文本，任务链设计环环相扣；读后输出环节体现学以致用、合作学习。英语读写课的有效模式探究，体现学生的主体性地位，学生在课堂上参与体验英语阅读与写作的快乐，享受写作的成功。

关键词：初中英语读写课；以读带写模式；阅读有效教学

一、提出问题

（一）初中英语阅读教学及写作教学的重要性

语言不仅仅是交流的工具，更是人类文明、文化、思想的载体。语言的这一属性决定了语言教育不可能只是单纯的语言技能训练，它实际上是一个陶冶性情、构建精神的文化教育过程，是对文本的唯美进行模仿和欣赏、思考的过程。外语课堂教育时间是有限的，教师如何在一堂课上对学生实现文化理解、吸收和消化，最终落实到口头使用和书面使用，应是我们有效课堂的重中之重。因此，外语教育的内容不应局限于知识的传授和技能的培养，应以人文素养的培养和学生心智发展为本。让学生们走进读本，享受英语阅读的乐趣是我们教师最应探讨的永恒主题。

（二）现阶段课堂阅读教学和阅读后的写作学习存在的问题。

1. 教师的问题

许多教师在观念上还没有认识到阅读教学之后，我们要教会学生什么。如果只是简简单单地理解文本的内容，就会忽略学生真正的使用语言的重要性。没有意识到阅读教学不仅对学生英语综合写作能力的提高至关重要，而且能拓展学生的视野，提高学生的逻辑思维能力、判断分析能力，并提升学生的人文素养，因此对阅读教学不够重视，同时对阅读后，到底让学生达到什么要求没有思路。教师引领学生阅读后，把教学重点还放在传统的枯燥的语法教学中。在日常教学中，有的老师把阅读课当精读课上，单纯地讲解词汇，罗列语法，分析句子成分和结构；也有的老师仅仅是翻译阅读文章，对答案，没有阅读技巧的讲解，没有文章背景、文体和结构的分析，也没有引导学生领悟语言的文美。这样的教学让阅读课越来越乏味，学生的阅读兴趣和阅读能力以及写作能力也得不到提高。而许多教师对英语阅读与写作的教学研究不够，实践不多，没有形成一套科学、有效的阅读带动写作的教学方法和模式。

2. 学生的问题

人教版英语教材中有很多阅读的文章语言地道，材料新颖，话题接近中考。学生阅读只重视理解，不愿多思考，明白了就行，课后也不利用文本有机模仿和写作。

二、本项目的理论依据和研究现状

（一）理论依据

1. 依托文本的原则

文本是课程内容的重要组成部分，是学生与作者、教师心灵对话的媒介。我们在研究过程中立足人教版英语教材，将写作与具体的课本语言文字紧密结合，深化文本、拓宽文本，同时也使学生的写作有章可循，有法可依，写作能力得到实实在在的提高。

2. 有的放矢的原则

充分利用教材中的文本语言，选择有效的策略对学生进行有目的、有针对性的专项语言训练，确保学生能够在理解文本的基础上熟练运用文本语言进行写作。

3. 循序渐进的原则

遵循知识系统及学生认知规律的顺序，夯实词汇的基础，保证学生流畅地阅读课本，由易到难、由表及里、循序渐进地进行语言文字训练，做到读写结合、以读促写、以写促读，不断提高学生习作的自信及写作的能力。

4. 读写结合的原则

读是写的积累，是为了更好地表达；写是读的反映，是读的巩固和发展。读写结合，相得益彰。研究需以阅读为基点，培养学生的识字和朗读能力、词句的理解能力、综合分析能力、想象联想的思维能力、阅读—写作的转换能力，引导学生灵活运用教材中的文本语言进行习作训练，切实提高学生的习作水平。

（二）本项目的研究现状

在我们的研究中，不但重视了对文本的总结与升华，更重视了对一些阅读课中各个环节的进一步研究，体现出读前、读中和读后都应有为写服务的有效课堂设计。研究中，我们通过英语读写课设计各种形式的活动，朗读课本中各种文体、英文诗词、报纸杂志、原著等资料，理解大意，找出中心意思、作者观点和态度的相关信息；根据情景、上下文、构词法、句子结构猜测生词或词组的意思，分析句子结构、理解句子，理顺事件发生顺序，人物行为，预测事件情节发展和可能的结局；用所获取的信息，解决各种问题，进而培养良好的阅读习惯，形成阅读兴趣，提高阅读能力的同时，尽力设计为写作服务的活动，由易到难、层层铺垫，最终让学生灵活运用该阅读材料的文体、语言、写作结构等完成同类型的写作任务。

三、本项目研究的实际意义和理论意义

（一）理论价值

（1）对初中生英语读写课的现状的研究。

（2）开发教材中的阅读材料，促进学生话题写作。

（3）转变教师的教学方法，与新课程标准要求下的任务型教学相结合，探索出科学的阅读写作教学模式。

（4）转变学生的学习方式，让阅读成为一种快乐的自觉的学习行为，成为学生生活的一部分。

（二）实践价值

（1）提高教师的阅读教学水平和科研能力，转变教师的教学观念以适应新课改的要求，最终把教师培养成为研究型的智慧教师。

（2）提高学生的阅读兴趣和阅读能力，丰富学生的词汇量，拓展学生的视野，提高学生的思维能力、分析写作能力，并提升学生的人文素养。

（3）为其他教师提供实践指导。

四、主要研究内容

学生阅读能力如何带动写作能力提升的途径研究：

（一）学生阅读语篇分析的培养

利用阅读课帮助学生养成正确的阅读习惯，学会使用正确的阅读技巧。这些技巧大致包括：Skimming，指为了获得对读物的总体印象和大概意思而进行的快速阅读。例如在拿到一篇文章时先读首段和尾段，并教会学生寻找 Topic sentence。Scanning，指为了寻找文章中的某些细节而放弃对其他无用内容的细读。Inferring，指利用文章中的语法知识、逻辑关系和文化背景等发现作者的观点、思想以及写作意图等；Predicting，指预测。

（二）学生以读带写能力的培养

初中英语阅读和写作教学在英语教学和英语应试中具有重要的地位，如何提高读写课的有效性一直是英语教师们不断思考的问题。

（1）从学生的实际情况出发，针对不同层次的学生，不断摸索、探求适合学生的初中英语阅读的教学模式。实现阅读和写作的联动作用，将阅读中所学迁移到写作中，做到学以致用。

（2）英语教师应充分挖掘文本，感受文体风格，理解文章作者的写作意图，进而确立教学目标和教学重点，有针对性地设计教学环节。

（3）体现学生的主体性，充分发挥学生的主观能动性，通过任务链的设计，让学生成为阅读与写作的主体，而教师的作用是引导。

（4）英语读写教学模式的探究有待深化，针对不同的阅读材料，探求不同的教学模式，设计能激发学生阅读兴趣和欲望的丰富多彩的活动。

五、研究过程、方法和成果

（一）实验的准备阶段

查阅资料，制定课题研究方案，建立实验研究的理论框架，组织学习课题研究方案及阅读学习的相关理论资料；设计学生英语阅读兴趣和阅读及写作习惯的调查问卷并做调查报告。关注参与教师的阅读写作课，尽力把写作话题链接进去。

（二）实验研究阶段

采用课堂观察和实验、教师研讨、行动研究等方法，通过教师自身阅读课堂的自我观察和阅读教学公开课评课活动，确定参与教师的研究课时间，关注参与教师的阅读写作课，制订阅读写作课计划，评估读写课课堂教学有效性的研究并提出改进措施，从而形成初中英语阅读读写课有效教学的模式。

1. 读前导入环节创设情境，激活学生已有的知识储备

（1）初中英语读写课的导入环节遵循以下原则：

①针对初中学生的年龄特点和心理特点，充分调动学生的学习兴趣，让学生参与课堂。

②激活学生已有的知识储备，以旧知识带新知识，符合学生的学习规律和认知规律。

③教师在导入环节进行充分的输入，为阅读和写作扫清一部分障碍，同时为最终的书面输出做铺垫。

（2）针对初中英语读写课，教师还可以通过以下方式导入：

①通过 Hangman 游戏，让学生猜本节课阅读的话题。

②通过 Brainstorming（头脑风暴）或结对活动、小组活动，针对本节课的话题进行讨论。

③通过有趣的图片、视频或 Flash（动画）导入，力求为学生创设情境，使其带着兴趣进行英语学习。值得注意的是，教师选取的图片、视频或 Flash（动画）不仅要具备趣味性，还要体现新颖性以及与本节课的相关性。

2. 阅读中充分挖掘阅读文本，任务链设计环环相扣

初中英语读写课的教学设计一般分为"读前—读中—读后"三个环节，阅读中的环节设计应体现以下原则：

（1）阅读环节设计由易到难，层层递进。

（2）任务链设计环环相扣，并且注意各个环节之间的过渡。

（3）充分挖掘阅读文本，理解教材编者的意图，确定本节课的教学目标。

（4）以阅读带写作，阅读为最终的写作输出做铺垫。

在"读中"环节，初中英语的读写课一般进行 2~3 遍阅读，阅读问题设计体现梯度。

第一遍阅读是为了获取基本信息（General idea），问题设计一般通过直接问问题或判断正误（T or F）的方式，考查学生 skimming 的能力。

第二遍阅读是细读（Careful reading），教师可以通过问题或表格的形式进行阅读设计，培养学生 scanning 的能力。以上两种方式相比，填表格的方式更直观，学生也能更明确地把握要点，明晰阅读材料的脉络。

第三遍阅读重在考查学生的概括能力，通过复述（retell）和总结（summary）进行目标语言的口头输出，为读后的笔头输出做铺垫。教师让学生找出可以用在写作中的有用句型，充分发挥学生的能动性，并通过概括写作的要素，明确写作要点，充分体现学生的主体性，教师的作用从"擅教"转化为"擅导"。

3. 阅读后输出环节体现用中学

导入环节和阅读环节都是为最终的目标语言的输出做铺垫，应体现以下原则：

（1）学生能将阅读的目标语言用于汇报或写作中，做到学以致用。

（2）通过合作学习，进行目标语言的输出。

（3）利用评价表，明确写作的评价标准，学会正确评价他人。

学生运用知识的能力，是在反复练习中，从最初的不会、不准确、不熟练到比较会、比较准确，逐步地发展和完善起来的。为使学生顺利地掌握技能、技巧，教师要特别注意写作练习的数量、质量，注重练习的设计循序渐进、由浅到深。而在动笔写作之前做一些口头活动，比如对话、讨论、采访等，对写作的思路和语言结构很有帮助；而且由于一节课时间有限，如无法兼练读和写，那么合作写作不失为一个节省时间的好办法。同时有阅读过的课文作为参照，写作会得心应手，不如想象中的那样高不可攀，学生看到自己也能写得得心应手，大大增强了自信心。

（三）总结阶段

1. 研究的主要内容

分析课题研究资料，撰写课题行动研究报告。

2. 研究方法

（1）案例研究法。一般认为，案例是对现实生活中某一具体现象的客观描述。教育案例是对教育活动中具有典型意义的，能够反映教育某些内在规律或某些教学思想、原理的具体教学事件的描述、总结分析，它通常是课堂内真实的故事、教学实践中遇到的困惑的真实记录。对这些"真实记录"进行分析研究，寻找规律或产生问题的根源，进而寻求解决问题或改进工作的方法，或形成新的研究课题。

（2）教育经验总结法。这是根据教育实践所提供的事实，分析概括教育现象，挖掘现有的经验材料，并使之上升到教育理论的高度，以便更好地指导新的教育实践活动的一种教育科学研究方法。

（四）反思

通过探索和尝试有效的英语教学模式，引导学生参与、体验英语阅读的快乐，激发学生阅读的兴趣，培养学生良好的学习习惯和综合运用语言的能力，这是当前英语学习所提倡的。而英语读写课是一种非常实用的课型，将阅读与写作有机地融为一体，使学生在这两方面的能力都得到了提高。相信通过不断探索和实践，会有更科学有效的英语阅读写作教学课堂模式涌现，学生的阅读写作综合能力也一定会在这种有效的课堂中不断提高。

参考文献

［1］［美］玛丽·李·菲尔德. 文本特征与阅读理解［M］. 北京：人民教育出版社，2007.
［2］张春良. 中学英语读写教学实验研究：基于文学读本的阅读与写作［J］. 河北师范大学学报（教育科学版），2010（4）：124-128.
［3］［爱尔兰］托马斯·法雷尔. 阅读课的设计［M］. 济南：山东人民教育出版社，2007.
［4］杨永钢. 图式理论在高中英语教学中的应用［J］. 中小学英语教学与研究，2001（5）：31-34+39.
［5］闫涛. 图式理论对我国英语教学的启示［J］. 教育探索，2003（5）：69-70.
［6］Sandra Silberstein. 阅读教学的技巧与资源［M］. 上海：上海外语教育出版社，2005.
［7］左春梅. 初中英语课堂教学中提高阅读的有效性策略和能力培养［J］. 新教师教学，2010（5）：169-172.
［8］方亚君. 初中英语阅读教学的反思与探新［J］. 宁波教育学院学报，2010（6）：128-130.
［9］钟燕. 初中英语阅读有效性研究［D］. 上海：华东师范大学，2008.

第二节 多维联动视域下的初中英语语法教学
——以"一般现在时"为例

凌子宸

摘要：《义务教育课程标准（2022年版）》提出语言技能分为理解性技能和表达性技能，具体包括听、说、读、看、写，并提出对学生听、说、读、看、写这五个方面的能力进行有机结合，多维度进行联合培养。本文探讨了基于如何将"多维联动"运用到初中英语语法教学中。笔者横向比较了人教版以及北师大版七年级上册英语教材，并以人教版七年级上册英语教材中的一般现在时为例，分析了如何将多维联动运用到英语教学实践中。

关键词：多维联动；英语教学；初中语法

一、引言

《义务教育课程标准（2022年版）》提出英语课程内容由主题、语篇、语言知识、文化知识、语言技能和学习策略六要素构成。围绕这些要素,通过学习理解、应用实践、迁移创新等活动,推动学生核心素养在义务教育全程中持续发展。

其中,语言技能分为理解性技能和表达性技能,具体包括听、说、读、看、写等方面技能及其综合运用。听、读、看是理解性技能,说、写是表达性技能。语言技能中的"看"通常指利用多模态语篇中的图形、表格、动画、符号以及视频等理解意义的技能,需要学生观察图表中的信息,理解符号和动画的意义。听、说、读、看、写这五个语言技能在英语语言学习过程中相辅相成,相互促进。由此可知,教师在设计教学活动时,不能将学生理解性技能和表达性技能的培养割裂开,而应将对学生听、说、读、看、写这五个方面的能力进行有机结合,多维度进行联合培养。

在英语学习过程中,语法学习是提升学生的听力、阅读、口语、写作等方面能力的基础,且对学生来说是难点。我国英语语法教学主要有两种极端情况:一种是过于重视语法规则的讲解,而忽视了让学生去体验和感悟语言;另一种是过于强调语言的交际性,而忽视甚至放弃了语法规则。由此,如何提升语法学习的学习效果是十分关键的,而多维联动在语法教学中能起到很好的作用。

二、多维联动相关研究

近年来,"多维联动"逐渐走入国内学者视野,部分学者开始从各个领域研究"多维联动"在教学中的应用。

著名语言学家 Krashen(1982)认为获得外语能力有两种途径:习得与学习。习得是一种自然的、无意识的过程,是通过理解语言和使用语言进行有意义的交际而获得语言能力。学习指有意识地掌握语言的语法规则的过程。

卢岩(2014)指出学好第二语言,既要重视学习过程的课堂教学,更要重视习得过程的第二课堂实践活动。他以英语语音教学为例,倡导以"英语语音课程"为核心、多种形式的英语活动为辅助的英语语音教学。在"英语语音课程"这一核心教学方式中,教师整合、优化教学内容,建立多语音评价系统,采用情景教学法等提高整体语感的内容。同时,创设多元语音训练环境,创办英语演讲社团、话剧社等,给予学生充分的机会锻炼语音。

龚德国(2018)从语文学科的角度研究在语文教学中"多维联动"的可能性,将词语与词语联动、词语与语句联动、词语与文本联动,从"词语"这一支点出发,多方联动,有效提升语文阅读教学的效率。

近年来,国内学者对"多维联动"的关注度逐渐上升,但"多维联动"在英语教学方面的相关研究却十分有限。本文旨在探讨"多维联动"在英语语法教学中的应用，以"一般现在时"这一语法知识点为例。

三、多维联动在初中英语语法"一般现在时"教学中的应用

（一）横向对比人教版初中英语教材和北师大版初中英语教材

本文着重对比人教版七年级上册英语教材和北师大版七年级上册英语教材。在人教版初中英语教材 *Go for it*！中，七年级上册书中共有九个单元（如表 5–1 所示）。整册书的语法知识点都围绕着"一般现在时"展开，循序渐进，难度螺旋上升（以下语法点分析仅针对"一般现在时"展开）。Unit 1"My name's Gina"和 Unit 2"This is my sister"两个单元围绕着 be 动词的一般现在时的肯定句中的结构进行展开。从 Unit 3"Is this your pencil"开始，难度逐渐上升，学生会在这一单元涉及 be 动词的一般现在时在一般疑问句中的结构，且从学习"Is this your pencil"的答句中，了解 be 动词的一般现在时的否定结构。Unit 4"Where is my schoolbag"在 Unit 3 的 be 动词的一般现在时在一般疑问句的结构引申到 be 动词的特殊疑问句中应用，着重于特殊疑问词"where"。Unit 5"Do you have a soccer ball"和 Unit 6"Do you like bananas"让学生把注意力放在了实义动词在一般现在时一般疑问句中的应用，着重于使用实义动词"have"和"like"。在 Unit 5 中学生通过学习"Do you have a soccer ball"的答句，学生会学习到实义动词的一般现在时的肯定句结构和否定句结构。而在 Unit 6 中，通过另一个话题"Do you like bananas"让学生有机会再次复习在 Unit 5 中学习到的实义动词在一般现在时中的肯定句结构、否定句结构以及一般疑问句结构。Unit 7"How much are these socks"和 Unit 8"When is your birthday"中语法结构又回到了 be 动词的一般现在时的特殊疑问句结构，着重于特殊疑问词"how much"和"when"。Unit 9 将 be 动词一般现在时的特殊疑问句结构整合，不仅有 Unit 8 中出现的特殊疑问词"when"的提问，同时扩充了"why""what"以及"who"。

表 5–1　人教版英语教材七年级上册包含的一般现在时知识点

单元名称	一般现在时知识点
Unit 1 My name's Gina.	be 动词肯定句结构
Unit 2 This is my sister.	be 动词肯定句结构 be 动词 who 引导特殊疑问句结构
Unit 3 Is this your pencil?	be 动词一般疑问句结构
Unit 4 Where's my schoolbag?	be 动词 where 引导特殊疑问句结构

续表

单元名称	一般现在时知识点
Unit 5 Do you have a soccer ball?	实义动词 have 肯定句、否定句、一般疑问句结构
Unit 6 Do you like bananas?	实义动词 like 肯定句、否定句、一般疑问句结构
Unit 7 How much are these socks?	be 动词 how much 引导特殊疑问句结构
Unit 8 When is your birthday?	be 动词 when 引导特殊疑问句结构
Unit 9 My favourite subject is science.	be 动词 why/what/who 引导特殊疑问句结构

在北师大版初中英语教材中，七年级上册书共有四个单元，每个单元包含三课（如表 5-2 所示）。在 Unit 1 "Family" 中的 Lesson 1 "Photos of us" 中，通过语法点"人称代词"引出一般现在时肯定句结构中实义动词的变化形式。Lesson 2 "What do they look like" 在 Lesson 1 中一般现在时肯定句结构的基础上进一步引入一般现在时疑问句结构，着重于以特殊疑问词"what"引导的一般现在时的特殊疑问句。Lesson 3 "Happy birthday" 中在继续巩固一般现在时的特殊疑问句结构的基础上，通过谈论"like"和"dislike"，进一步学习实义动词的一般现在时的肯定句结构及否定句结构。在 Unit 2 "School Life" 中的 Lesson 4 "School things" 中，学生通过谈论是否拥有"some school things"的方式，进一步学习实义动词"have"的一般现在时所涉及的结构，包括肯定句结构、否定句结构、一般疑问句结构以及特殊疑问句结构。Lesson 5 "Before class" 中涉及情态动词 can 的疑问句、否定句结构，未涉及一般现在时相关知识点。Lesson 6 "A school day" 在"谈论每日的学校生活"这一主题下，让学生了解一般现在时的特殊疑问句结构，着重于"How many""When""What time""Why"等特殊疑问词引导的特殊疑问句。Unit 3 "Home" 中的 Lesson 7 "Time to tidy" 围绕"收拾房间"，将 be 动词和实义动词的一般现在时肯定句结构融合。Lesson 8 "Whose ball is this" 通过谈论"物品所有权"引出一般现在时 be 动词和 whose 引导的特殊疑问句结构。在 Unit 3 最后一课 Lesson 9 "Near my home" 中引入"There be"句型中的一般现在时肯定句结构、否定句结构、一般疑问句结构以及特殊疑问句结构。Unit 4 "Interests and Skills" 中的 Lesson 10 "My interest" 结合 like 和 love 两个动词，复习了一般现在时的肯定句结构。Lesson 11 "A skills survey" 将特殊疑问词 how, what, where, who, which, when 与 be 动词和实义动词结合。Lesson 12 "China's got talent" 主要围绕情态动词 can 展开，未结合一般现在时。

表5-2　北师大版英语教材七年级上册包含的一般现在时知识点

单元名称	一般现在时知识点
Unit 1 Lesson 1 Photos of us	实义动词肯定句结构
Unit 1 Lesson 2 What do they look like?	实义动词和 what 引导的特殊疑问句结构
Unit 1 Lesson 3 Happy birthday!	实义动词 like 肯定句、否定句结构
Unit 2 Lesson 4 School things	实义动词 have 肯定句、否定句、疑问句结构
Unit 2 Lesson 5 Before class	—
Unit 2 Lesson 6 A school day	实义动词 how many/when/what time/why 引导特殊疑问句
Unit 3 Lesson 7 Time to tidy	be 动词和实义动词的一般现在时肯定句结构
Unit 3 Lesson 8 Whose ball is this?	be 动词 whose 引导特殊疑问句结构
Unit 3 Lesson 9 Near my home	"There be" 句型中的一般现在时肯定句结构、否定句结构、一般疑问句结构以及特殊疑问句结构
Unit 4 Lesson 10 My interests	实义动词 like 和 love 肯定句结构
Unit 4 Lesson 11 A skills survey	be 动词和实义动词 how/what/where/who/which/when 引导的特殊疑问句结构
Unit 4 Lesson 12 China's got talent	—

（二）以人教版初中英语教材为例分析多维联动在初中英语"一般现在时"中的应用

通过对比人教版英语教材七年级上册和北师大版英语教材七年级上册的内容可知，"一般现在时"是初中阶段学生接触到的第一个时态。在系统学习初中英语语法知识的初期，让学生学明白、熟练掌握这一时态是非常有必要的。这一时态的有效学习可以为未来初中三年乃至高中三年的英语语法、英语时态学习奠定一个良好的基础。但如何让学生学明白并熟练掌握这一时态呢？

使学生明白并熟练掌握这一时态，毫无疑问的就是将学生"听、说、读、看、写"五方面的语言技能相结合。

教师可以尝试创造多维联动的教学场景，通过课堂使学生在毫无准备、毫无意识的情况下实现关于事实论据的认识及应用训练。创造多维联动的教学场景的方式有很多种，比如在名词单复数教学时可将学生"听"和"看"这类理解性技能与"说"这类表达性技能相结合。教师在教学前准备一些橘子作为教学道具。教师首先拿出一个橘子，并询问学生："What's this?"学生回答"orange"，教师可将"an orange"写在黑板上。接下来，教师可拿起多个橘子，并询问学生："What are they?"学生可能会回答"oranges"或"orange"，教师将"some oranges"写在黑板上。通过教师的询问，学生可以在听力方面进行感知，教师在拿起不同数量的橘子时询问的句型有差异。同时学生在看橘子实物的过程中，自然而然就会发现橘子数量的区别和教教师板书的单词拼写上的区别，学生也会注意自己口语输出的答案。大量输入过后，学生会潜移默化地形成条件反射，虽然不能明确说出为什么可数名词复数变型或可数名词复数的变型规则具体是什么，但通过理解性技能和表达类技能的相结合，可以在输出过程中区分可数名词单复数的形式。

在经过"听、说、看"的多维联动教学过后，教师可以根据学生对知识的掌握程度，适当增加"写"的练习。比如，让学生进行造句练习或匹配练习等来检测之前多维联动教学的学习成果，并在检测过后，为学生逐一讲解每道题的题目要点以及语法规则，夯实巩固学生多维联动的学习成果。

笔者将选用人教版英语教材七年级上册Unit 5"Do you have a soccer ball"与Unit 7"How much are these socks"两个单元为例，详述"多维联动理论"在初中英语语法课堂的实践过程。

1. Unit 5"Do you have a soccer ball"课例

任务前（pre-task）：教师认真钻研教材，优化教学过程。Unit 5"Do you have a soccer ball"作为学生进入初中以来，接触实义动词的一般现在时肯定句、否定句、一般疑问句结构的第一课，教师授课的过程十分重要。

任务中（during-task）：授课过程中应从听、说、读、看、写五个方面让学生充分感知实义动词的一般现在时肯定句、否定句、一般疑问句的结构，充分地创设多维联动的环境，给予学生大量操练的机会，再帮助学生总结、系统地梳理实义动词的一般现在时肯定句、否定句、一般疑问句结构的相关知识。为此，教师设计了以下语言活动：

任务一：教师通过展示球类图片的方式，引出本单元的目标词汇以及目标句型。首先向学生展示足球的图片，询问学生"Do you have a soccer ball"，并将此问题标注在足球图片下方。接着，教师向学生展示篮球的图片，询问学生"Do you have a basketball"，并将此问题标注在篮球图片下方。在学生回答过后，教师把此问题的肯定句"Yes, I do. I have a basketball"、否定句"No, I don't. I don't have a basketball"回答标注在问句下方。以此方法，教师先将目标球类词汇的图片一一展示，再进行追问"Do you have a..."。通过展示图片，教师提出问题，并展示问题和答句，将学生的"听""看"两类理解性技能相结合。在教师询问过后，学生进行小组活动，两个人为一小组，互相提问对方"Do you have a..."

并进行回答"Yes, I do. I have a basketball. /No, I don't. I don't have a basketball",锻炼了学生"说"这一表达性技能。

通过任务一,教师从学生"听""看""说"三个维度出发设计教学活动,学生也从这三个维度初步了解一般现在时的句子结构并能进行简单问答。

任务二:在任务一过后,学生基本熟悉了主语为非三单时的实义动词一般现在时的肯定句、否定句和一般疑问句的结构。在任务二中,教师将逐渐引入主语为三单时的实义动词一般现在时的句子结构。在小组练习过后,教师将给予学生机会来进行分享。教师将向学生提问"Does your partner have a soccer ball",并将此问题写在黑板上,在学生回答前,进行追问"Yes, she does. Or, no, she doesn't"。这样的追问给予了学生一个符合语法规则的选项。在此之后,教师请学生进行回答,并将符合语法规则的肯定回答"Yes, she does. She has a soccer ball"和否定回答"No, she doesn't. She doesn't have a soccer ball"写在黑板上,结合"看"和"听"两个维度让学生在潜移默化之间掌握一般现在时使用规则。在教师询问几位同学过后,学生进行小组活动,将任务一中的每两小组合并,进行四人为一组的小组合作,互相询问对方"Does you partner have a soccer ball"并进行回答"Yes, she does. She has a soccer ball. /No, she doesn't. She doesn't have a soccer ball",学生充分感知主语为三单时和主语为非三单时的句子结构的异同。

任务三:教师进行语法规则的讲解。首先教师向学生发问,在任务一与任务二的学习过程中是否发现了这些句子之间的相同点与不同点。针对这些相同点与不同点,为学生进行系统讲解。教师将系统地从一般现在时肯定句、否定句、一般疑问句结构进行讲解,重点向学生强调主语为三单时的句子结构。

在此之后,教师设计"改错"和"仿写"练习。教师呈现一些错误事例,引导学生发现错误事例中出现问题的地方,自主改正,再进行句子的仿写。在此任务中,教师结合"读"和"写"两个维度,学生得到充分练习。

经过以上三个任务,在本节课中,学生从"听、说、读、看、写"五个维度学习一般现在时实义动词,并能熟练掌握。

任务后(post-task):教师根据学生课堂表现以及练习评估学生学习成果,进行反思总结。

2. Unit 7 "How much are these socks" 课例

任务前(pre-task):教师认真钻研教材,优化课程方案。由于在 unit 6 中学生刚刚接触可数名词单复数形式,掌握得并不牢固,Unit 7 在 Unit 6 可数名词与不可数名词的基础上继续展开教学,并涉入"How much is..."与"How much are..."这两个重点句型,要求学生区分一般现在时中 be 动词的变化,对学生来说，学习内容稍有难度，教师授课的过程就变得格外重要，能否为学生搭建合适的阶梯，引导学生学习、理解语法知识点是关键。

任务中（during-task）：在课堂教学过程中，教师导入主题和任务，从多维联动角度出发，让学生大量操练、大量输入后，再进行系统的、细致的讲解，使学生感悟语言、总结语言规律。为此，教师设计了以下语言任务：

任务一：教师通过展示图片的形式回顾名词单复数形式，唤起学生在 Unit 6 中学习到的可数名词、不可数名词等知识。向学生展示一个苹果的图片，让学生大声说出图片所示信息，在学生说出答案后，展示图片下方标示"an apple"。同理，再向学生展示一些苹果的图片，让学生大声说出图片所示信息，在学生说出答案后，展示图片下方标示"some apples"。以这样的方式，向学生展示可数名词单复数的区别。教师在此任务中并不需要提示学生展示名词是否为可数名词或不可数名词或可数名词变复数的规则，让学生尽可能地通过"看"的方式感知图片与语言之间的关联，并通过"说"的方式练习并输出感知可数名词单复数的区别。

任务二：在任务一过后，学生学习的兴趣和积极性被调动，同时回忆起了一些已经学习过的可数名词单复数知识。在任务二的过程中，教师将教学重点由"可数名词单复数"转移到"一般现在时 be 动词形式"，连接这两个知识点。教师再次展示一个苹果的图片，并配有"How much is…"以及答句"It's…"这两句本课重点句型，让学生将教师所给出的名词图片带入句型反复、大量操练。在这一过程中，教师无须解释语法规则。在学生已经能够熟练掌握这一句型后，再加入可数名词复数的"How much"这一句型的练习。同样先展示类似于"一些苹果"这样的图片，配有"How much are…"以及答句"They are…"这两句本课重点句型，让学生将教师所给出的名词图片带入句型反复、大量操练。在授课过程中，教师不断询问学生"How much are those apples"，学生回答"They are 8 dollars"，在学生没有系统了解语法规则时，通过"听"和"说"两个维度感知语言。

任务三：教师进行语法规则的讲解。针对 be 动词的一般现在时结构，为学生进行系统讲解。教师可以引导学生复习在 Unit 3 "Is this your pencil"中已经学习过的 be 动词的一般现在时的一般疑问句结构，唤醒学生对于 be 动词一般现在时结构的记忆。在此基础上，引导学生复习 Unit 4 "Where is my schoolbag"中学习过的 be 动词的一般现在时的特殊疑问句结构。在复习过后，可以为学生讲解特殊疑问句中的特殊疑问词不仅仅有"where"还会有"how much"等。结合 Unit 7 "How much are these socks"为学生补充常见的特殊疑问词有哪些。而和 Unit 4 不同的是，Unit 7 已经不局限于 be 动词的单数形式。在 Unit 7 当中，教师不仅要为学生补充特殊疑问词,还需要进一步强调"is"和"are"的区别。

经过以上三个任务,在本节课中,学生从"听、说、看"三个维度学习一般现在时 be 动词使用规则,并能熟练掌握。

任务后(post‑task):教师根据学生课堂表现评估学生学习成果,进行反思总结。

四、教学反思

在教育教学工作中,笔者将课程标准作为理论基础,在教学过程的设计中,结合英语学科的听、说、读、看、写五个维度,多维度联动,并运用到了七年级上册的语法教学中。笔者发现,有效地结合以上五个维度,多维联动,可以有效地提升学生对语法知识点的掌握情况。在学生掌握语法规则前,教师通过"听、读、看"这三个维度大量进行"输入"类活动,能刺激学生大脑,使学生即使无法完整表达出语法规则,也能正确输出符合语法规则的句子,为学生创造了"内隐学习"的环境,即:在学生未意识到语法规则时,大脑能够自动辨别符合语法规则的句子,并有概率输出符合语法规则的句子。有了足够的"听、读、看"作为输入,学生自然而然能够根据输入的内容进行"说、写"这两个维度的输出。

然而,在多维联动教学实践过程中,也有一些仍需笔者琢磨的困难。比如,在语法教学中,如何更有效地进行多维联动?对于一些基础较差的学生来说,"听"和"说"的结合、"读"和"写"的结合无法落实到位。在"听、读、看"这三个维度进行充分输入后,并不能准确激发学生"读、写"这两个维度的能力。如何将复杂的知识简单化而又不碎片化,从而进一步提升多维联动的有效性,是笔者接下来要思考的内容。

参考文献

[1] KRASHEN S D. Principles and Practice in Second Language Acquisition [M]. New York:Pergamon Press Ltd,1982.
[2] 卢岩,张小川.《英语语音课》"多维课堂联动"教学方式探索与实践 [J]. 语文学刊(外语教育教学),2014,474(4):99-100+110.
[3] 龚德国. 多维联动,让阅读教学"满院生香" [J]. 新作文(语文教学研究),2018,30(6):67.

第三节 多维联动视域下初中英语听说看教学
——以人教版《英语》九年级
Unit 6 Section A 1a–2b 听说课为例

陈 爽

一、引言

听说教学是初中阶段发展学生英语学科核心素养的重要途径。初中英语教师普遍认为，听说能力，特别是口语表达能力是最不容易提升的，需要有足够的输入，才有足够的输出。《义务教育英语课程标准（2022年版）》要求九年级的学生在表达性技能方面能够沟通信息，参与讨论，恰当运用一般社交场合的礼貌用语；口头概括所读故事或短文的大意，转述他人简单的谈话；围绕相关主题口头表达个人的观点和态度，并说明理由；在口头和书面表达中使用常见的连词表示顺序和逻辑关系，连接信息，做到意义连贯；在口头和书面表达中进行适当的自我修正，用语得当，沟通与交流得体、有效。在"互联网+"时代，传统听说教学方式已经满足不了学生日益增长的听说能力训练需求，教师为帮助学生达成听说学习目标，必须整合课内外资源，改进传统教学方式，寻找听说教学新的突破口。

毛筠（2018）提出了多维联动教学理论，即围绕初中生英语能力培养，主要采取以听力为基础，以阅读材料为指导，并将它们作为口语和书面表达的基础，促进学生英语综合能力，提高读、听、说、写联动教学法。课堂教学的核心为先进行课内听力教学、课外阅读教学，并将其作为口头表达的基础，在听和说的基础上，进行同步的口头表达教学。同时，以口头表达或写作的教学成果（学生口语录音或写作文章）作为对"读、听、说"联动教学效果的检验，从而达到"读、听、说"教学联动，促进学生英语综合能力的提高。

在信息化时代，学生接触到的语篇形式呈现多样化。《义务教育英语课程标准（2022版）》提到语篇类型既包括连续性文本（如对话、访谈、记叙文、说明文、应用文、议论文、歌曲、歌谣、韵文等），也包括非连续性文本，如表格、图示、网页、广告等。语篇类型可分为口语与书面等形式，还可以分为文字、音频、视频、数码等模态。在7~9年级学段目标中，要求学生能在听、读、看的过程中，围绕语篇内容记录重点信息，整理理解和简要概括主要内容。

笔者发现在以往的教学研究中多关注"听、读、说"的结合，对教学中"看"的环节的关注度不高。因此笔者拟将多维联动教学理论与多模态文本形式相结合，充分利用课本资源，开发文本形式的多样性，多感官、多维度满足学生感官需求，以优化课堂体验，加强知识吸收和思维训练。

二、教学活动的设计与实施

（一）教学设计思路

本节课内容选自人教版《英语》（九年级上册）Unit 6 When was it invented？单元话题为"发明"。Section A 介绍了日常生活中一些常见物品的发明历史，如电视、电话、拉链、茶叶等，包括它们被发明的时间、被什么人发明及其作用或发展等内容；从语言结构上，需要学习被动语态的过去时。Section B 要求学生继续学习和巩固相关的内容和语言知识。听说和阅读训练分别介绍了现代生活中常见的两项发明：薯条和篮球。在语言技能方面听说读写的专项训练和综合性训练在本部分均有体现。在语言策略上，本单元明确提出了让学生学习使用"思维导图"以加深对文章的理解和对知识的记忆的学习策略。

本单元教学目标为学生能够用被动语态过去时简要谈论发明的历史，如："When was... invented？" "It was invented in..." "Who was it invented by？" "It was invented by..."；能简单谈论发明的用途："What is the hot ice－cream scoop used for？" "It is used for serving really cold ice－cream."；能正确使用发明话题的相关词汇；能正确使用常用表达，如：have a point, by accident, take place, without doubt, all of a sudden, divide... into, look up to, the Olympics；在学习过程中能够借助思维导图记忆有关知识，通过快速阅读获取文章主旨或段落大意。

Section A 1a－2d 是整个单元的话题引入和语言输入。从讨论发明的先后顺序，到参观了解新奇的发明，再到探索发明的意义与价值。本节课内容紧凑，内容话题贴近生活，能够逐步引导学生深入思考科技的意义。

本节课的学生思维活跃，具有一定英语基础，上课能够积极发言。在九年级上 Unit 5 中已经基本掌握了被动语态的句型结构，能够用 be made of 和 be made in 描述产品的材质和生产地，但是对被动语态在过去时中的使用不够熟练。

（二）教学过程

1. "听、看"输入激发兴趣

本课的 1a 部分是通过推测科技产品被发明时间的先后引入话题，在多模态的条件下，教师可以用图片、音频、视频等资源创设情景。教师可以先对学生进行提问"What do you think is the greatest invention in the world"引入话题，在学生列举出几个例子后，教师可以播放一个关于发明创造的视频。接下来创设情景：学校即将开展科技展，希望同学们能够了解科技的发展，讨论发明的重要影响，并设计出自己的小发明。

【设计意图】

听前对话的教学包括导入和新知呈现两个环节,旨在激活学生已有的主题背景知识,铺垫必要的语言知识,为学生开展主题意义探究做准备。本环节教师结合了图片、视频、动作、多模态资源创设情景,导入新课主题,自然呈现新知内容。从"听"和"看"两个维度输入话题语言,激发学生的学习兴趣。

2. "看""说"回顾激活话题

教师向学生展示不同的发明图片,帮助学生复习词汇,在听力任务 1b 之前让学生大致推测电视、汽车、电话、电脑发明时间的先后,随后引出女孩 Alice 为了学校的科技展活动询问祖母相关信息。

2a、2b 听力练习是关于一些新奇的发明创造以及它们的用途,听前可以将三种发明的图片展示给学生,让学生预测每一个发明的用途。

T: What is special with these shoes?
S: There is a button on the heel.
T: What may it be used for?
S: It may be used for...

3. "听""记"训练内化语言

听力材料 1b 是 Alice 与祖母之间关于现代发明的对话,内容涵盖发明的物品和被发明的时间。笔者将教材中的听力任务改编为表格,需要学生在听力过程中填补缺失信息。学生需要先观察表格缺失信息和信息之间的关系,明确听力任务和记录要点(如表 5-3 所示)。

表 5-3 听力任务 1

_____ Inventions	When was it/were they invented?
telephone	
_____	
_____	
_____	

2a、2b 听力播放之前,教师可以先呈现表格内容,带领学生分析缺失信息特点,如词性、结构等,让学生做好充分的听前准备(如表 5-4 所示)。

表 5-4 听力任务 2

_____ inventions	What is it/are they used for? It is/They are used for...

续表

shoes with _____	_____ in the dark
hot _____ scoop	_____ really cold ice-cream
shoes with _____ heels	_____ the style of the shoes

【设计意图】

本环节旨在激发学生对听力的兴趣，并培养学生根据图片预测听力内容的学习能力，以及在听中获取信息的学习能力和语言能力。表格中呈现的信息让学生关注对物体描述方式和介词"with"的使用，以及用途的表达方式，让目标语言结构更鲜明。

4. "看""说"结合构建语篇

1b 听力结束后教师与学生核对表格内信息，要求学生跟着音频读听力文本，模仿对话者的语音语调。接着介绍转述要求：参考所给句式结构复述表格所有内容，并适当补充相关信息，注意语音语调适当，发音准确，语速适中，结构完整。

Retell:

When Alice's grandma was a kid, she had a... It was invented in...

But she didn't have a... it was.... She couldn't afford one....

学生可以首先独立复述，再在小组内互相复述，最后叫学生在全班展示。教师针对学生的语音语调、语速以及内容分完整性给予及时评价。

2a 听力播放结束后，与学生核对答案，并在黑板上提炼出目标语言："What is it used for？""It is used for doing... "。给出转述开头内容"These are some of the interesting inventions that Carol is writing about for her English homework. They're the... "，让学生用所给开头复述表格中的信息内容。

【设计意图】

学生转述的过程就是整合信息、内化吸收语言的过程，利用课件或板书呈现的转述要求中所给的语言支架，让学生重点关注语篇内容和语篇结构，并练习输出完整的语篇内容，为后面的迁移创新输出做铺垫。

5. "看""说"练习巩固新知

在刚才的听力和转述环节结束后，教师可以将本节课的语法重点"When was it invented？""It was invented in... "呈现在黑板上，并向学生展示更多其他发明的图片以及相应的发明年份，要求学生用目标语言在小组内做对话练习，并让

1~2组学生做对话展示。教师要从语言准确度、语音语调、声音质量等维度对学生的展示做出评价。

【设计意图】

图片能够更加直观地展现情景，运用图片和所给信息，训练学生"看"和"说"的能力，通过生生互动在不同情境下练习目标语言。

6. 观察讨论引导迁移

教师再次展示2a中的三个发明，并激发学生思考这些发明有什么特点。

T：What are the features of these inventions?

S：They are normal things with new functions.

S：They are small inventions.

教师向学生展示生活中其他一些新奇的小发明，如棒棒糖笔、书包沙发等，之后让学生在小组内讨论生活学习中还有那些需求，有哪些日常用品可以通过改进解决他们的问题，并尝试将新的发明画出来。

【设计意图】

教师示范的小发明说明了发明无论大小都能够改变生活，具有自己特别的意义。通过生生互动让学生从生活实际出发，合作寻找学习生活中的问题并用发明来解决问题，给学生提供了一个真实的情景，激发学生的创造力，为接下来的展示活动做铺垫。

教师可以通过创设真实情景布置活动任务，如介绍科技展中的科技竞赛活动，讲解介绍规则，要求学生按照要求展示各自的发明小创意。

T：Design your own inventions and introduce it with your group members.

The following Information must be included：

- What is the name of your invention?
- Why do you invent it?
- What is it used for?
- How can it change our life?

学生展示过后，教师可以进行点评和总结。

T：Try your best to think actively and figure out solutions. Come up with ideas for inventions while solving everyday problems. Everyone can be an inventor to make a difference for your life.

【设计意图】

教师需要创设新的情景来帮助学生运用所学知识。这个产出活动有一定的开放性和交际性，且贴合学生生活实际。这个活动紧扣教学目标，能够帮助检验教学目标的达成程度。教师通过提高活动的趣味性和真实性，激发学生积极主动地参与课堂活动，帮助学生体验参与的快乐和成功的喜悦。同时通过观看其他小组同学汇报并参与评价能够帮助学生反思自身的缺点与改进点，完善自己。

作业设计：

1. Write a short passage to introduce your invention.
2. Review tapescripts of Section A 1b, 2a and 2d, and make notes.

四、教学评价（Evaluation）

设计本节课的教学评价单，可以是学生自评，也可以是互评。

Can – Do Checklist

I can introduce the history of inventions.

I can describe the use of inventions.

三、教学反思

（一）教学特色

本节课话题关于发明创造，与学生生活息息相关，传统教学方式可能拘泥于课本内容，活动形式单一，素材有限，不能很好地调动学生的学习兴趣。本节课利用音视频、图片、表格等形式输入目标语言，让信息多元化、知识情景化、文本结构化，能够多方位地帮助学生唤醒旧知、补充新知，从而让学生更加关注身边的发明创造，关注人类历史与社会发展。本课时作为本单元的第一课时，主要功能为话题导入。听力语篇中涉及本单元主要的语法知识为被动语态在过去时语境中的使用，所以根据学生实际情况，从学生实际生活经验出发，听力练习任务由易到难，由记录碎片信息到整理完整语篇，逐级铺设台阶，注重学生学习英语的过程。本课强调学以致用，通过设置真实情境，在课堂上为学生"架起课堂与实际生活的桥梁"。

（二）不足与改进

课堂最后一个环节是让学生在小组内根据自身遇到的问题并讨论出有用的发明解决问题，任务对学生要求较高，学生需要有发现问题的洞察力、与同伴充分讨论的沟通能力和设计能力，但是课堂时间有限，不适合英语基础较为薄弱的班级。可以降低任务难度，如直接给出生活中的问题，并围绕解决这一问题展开充分讨论。

听前准备环节让学生观察表格信息这一环节也可以将表格改为思维导图、几何图示等形式,让学生有更丰富的视觉刺激。

参考文献

[1] 教育部. 普通高中英语课程标准(2017版)[M]. 北京:人民教育出版社,2018.

[2] 教育部. 义务教育英语课程标准[M]. 北京:北京师范大学出版社,2022.

[3] 毛筠. 初中英语阅读写作联动研究与实践[M]. 北京:华文出版社,2018.

附教学听力文本

Section A 1a

Alice:Was your life very difficult when you were a kid?

Grandma:Oh, not really. Why?

Alice:Well you didn't have modern inventions like a telephone, right?

Grandma:Of course we did! How old do you think I am? The telephone was invented in 1876. You need to take a history class, Alice!

Alice:Haha! How about cars? They weren't invented yet, were they?

Grandma:Yes, they were. Cars were invented in 1885. My family had a car.

Alice:Well, did you have a TV?

Grandma:No, we couldn't afford one. They were expensive I those days. The TV was invented around 1927, I think.

Alice:Well, I know that you didn't have a computer, because we learned in school that personal computers were invented in 1971.

Grandma:You're right. But I have one now!

Section A 2a

Alex:Hi, Carol. Wow, what are those?

Carol:Hello, Alex. Oh, these are some of the interesting inventions that I'm writing about for my English homework.

Alex:I see… What's that, then?

Carol:They're shoes with lights. You use them for seeing in the dark when you get up at night.

Alex:Oh, that's a cool idea! I always hit my toes against something on the way to the bathroom at night.

Carol: Next is a special ice – cream scoop this is my favorite invention. It runs on electricity and becomes hot.

Alex: I know what it's fro! It's used for serving really cold ice – cream.

Carol: Yes, that's right! The last invention I'm going to write about is shoes with special heels. You can move the heels up and down.

Alex: What are they used for?

Carol: Well, you can change the style of your shoes. You can raise the heels if you are going to a party or lower them if you are just going out for shopping.

参考文献

- **专著和课标用书**

［1］［美］霍华德·加德纳. 智能的结构［M］. 沈致隆，译. 北京：中国人民大学出版社，2008.

［2］［美］霍华德·加德纳. 智力的重构［M］. 霍力岩，房阳洋，等译. 北京：中国轻工业出版社，2004.

［3］［美］琳达·坎贝尔，等. 多元智力教与学的策略［M］. 3版. 霍力岩，等译. 北京：中国轻工业出版社，2004.

［4］鲁子问. 学习方案教学理论与实践［M］. 北京：现代教育出版社，2010.

［5］刘月霞，郭华. 深度学习：走向核心素养（理论普及读本）［M］. 北京：教育科学出版社，2018.

［6］义务教育教科书英语教师教学用书（九年级）［M］. 北京：人民教育出版社，2014.

［7］义务教育教科书·英语九年级［M］. 北京：人民教育出版社，2014.

［8］教育部. 普通高中英语课程标准［M］. 北京：人民教育出版社，2020.

［9］教育部. 义务教育课程方案（2022年版）［M］. 北京：北京师范大学出版社，2022.

［10］王蔷，等. 英语阅读素养与教学设计［M］. 北京：外语教学与研究出版社，2021.

［11］James McKernan. 课程行动研究［M］. 朱细文，等译. 北京：北京师范大学出版社，2004.

- **标准文献**

［1］教育部办公厅. 关于加强义务教育学校作业管理的通知［S］. 2021.

- **期刊文献**

[1] 林岩. 口头报告在英语教学中的应用 [J]. 英语学习（教师版），2022（11）：4-8.

[2] 王蔷. 核心素养背景下英语阅读教学：问题、原则、目标与路径 [J]. 英语学习（教师版），2017（2）：19-23.

[3] 王蔷，王琦. 新教材、新理念、新实践、新挑战英美散文学习与赏析——对"如何用好北师大版高中《英语》新教材"的答疑 [J]. 英语学习，2020（10）：14-18.

[4] 王蔷，钱小芳，吴昊. 指向英语学科核心素养的英语学习活动观——内涵、架构、优势、学理基础及实践初效 [J]. 中小学外语教学（中学篇），2021，44（7）：1-6.

[5] 黄国文. 英语语句排列的若干因素 [J]. 现代外语，1988（1）：16-22.

[6] 吴长宏. 语篇连贯理论在高中英语阅读教学中的运用 [J]. 中小学外语教学（中学篇），2021，44（4）：38-43.

[7] 王颖婷. 基于语篇分析的初中英语任务型阅读试题例析 [J]. 中小学外语教学（中学篇），2021，44（7）：7-12.

[8] 王蔷，周密，蒋京丽，等. 基于大观念的英语学科教学设计探析 [J]. 课程·教材·教法，2020，40（11）：99-108.

[9] 王蔷，周密，蔡铭珂. 基于大观念的高中英语单元整体教学设计 [J]. 中小学外语教学（中学篇）2021，44（1）：1-7.

[10] 王蔷. 普通高中教科书·英语（必修第三册）[M]. 北京：北京师范大学出版社，2019.

[11] 赵东亮. 结构化知识作为教学主线的单元整体教学路径探究——以外研版初中《英语》八年级上册 Module 6 为例 [J]. 英语学习，2021，726（8）：49-55.

[12] 林建才. 思维导图的教学妙用 [J]. 新课程（综合版），2016（1）：89.

[13] 尹后庆. 提高作业设计与实施质量，充分发挥作业的育人价值 [J]. 未来教育家，2020（6）：1-2.

[14] 马黎. 单元视阈下英语结构化知识的建构和应用 [J]. 中小学外语教学（中学篇），2021，44（7）：28-33.

[15] 李宝荣，国红延. 中学英语单元整体教学设计与实施路径——以北师大版高中《英语》（2019年版）选择性必修一 Unit 3 Conservation 为例 [J]. 英语学习，2022，735（5）：52-57.

[16] 王蔷,孙薇薇,蔡铭珂,等. 指向深度学习的高中英语单元整体教学设计[J]. 外语教育研究前沿,2021,4(1):17-25.

[17] 王月芬. 作业设计能力——未被重视的质量提升途径[J]. 人民教育,2018,(13-14):58-62.

[18] 于元,国红延. 促进结构化知识建构的高中英语单元互文性教学实践[J]. 中小学英语教学与研究,2023(3):46-51.

[19] 钟启泉. 从"知识本位"转向"素养本位"——课程改革的挑战性课题[J]. 基础教育课程,2021(11):5-20.

[20] 张金秀. 中小学英语整本书阅读的五点主张[J]. 英语学习(教师版),2019.(7):55-57.

[21] 蔡明德. 论英语阅读教学对写作的影响及教学启示[D]. 武汉:华中师范大学,2003.

[22] 曹曲玲. 大学英语写作教学再思考[J]. 中山大学学报论丛,2001(2):121-124.

[23] 陈立平. 从阅读与写作的关系看写作教学中的范文教学[J]. 外语与外语教学,2001(4):28-29.

[24] 管琳. 谈"读写交融法"与英语写作技能训练[J]. 研究生教育研究,1999(1):35.

[25] 谢薇娜. 谈阅读与写作的交融性[J]. 外语教学,1994(4):50-52.

- 网络文献

[1] 王蔷. 核心素养培养对教学设计的再思考[EB/OL]. (2016-06-07). https://mp.weixin.qq.com/s?__biz=MzIwNjIwOTAxNg==&mid=2650322065&idx=2&sn=55fe2adda4ef3aa37ec3901c2e46c984&chksm=8f293e06b85eb710a3cc-2d86c337dbd336fc685f654d8d6eccf33ccfc1781bedfb68da46ff3a&scene=27.

附录一

基于读写联动的初中英语综合技能培养案例分析

教案及教学课件

一、原始教案：教学过程（英文）

Teacher's Activity	Student's Activity	Purpose
Lead in（2 min）		
Ask students to watch a flash.（参见附歌词）	Watch and sing	Stimulate students' interests in the topic—learning English can be fun by presenting a flash
Brainstorming（2 min）		
Ask students what things are difficult for them in learning	Think and answer	Get students to think about the question and get ready for the class
Listening 2a, 2b（1 min）		
Pre-listening: Ask students to describe the picture in 2a. Read the challenges and solutions	Think, read and describe	Get students to be familiar with what they're going to listen

续表

Teacher's Activity	Student's Activity	Purpose
While Listening: 1st Listening: Ask students to listen and check the learning challenges Paul talks about. Then check the answer together. 2nd Listening: 1. Ask students to listen and match the challenges in 2a with the solutions. Then check the answer in pairs 2. Ask students to get the main idea.	First listen and do the listening exercises, then check the answer in pairs	1. Provide practice in understanding the target language in spoken conversation. 2. Get students to practice the listening strategies for getting the specific information and general idea. 3. Provide guided oral practice using the target language
Post Listening: 1. Ask students to read after the speaker. 2. Ask students to underline the sentences about showing problems and circle the sentences about giving advice	Read the dialogue. Underline and circle the sentences	1. Get students to imitate the pronunciation and intonation. 2. Get students to know the sentence structures of showing problems and giving advice
Oral Practice (8 min)		
1. Ask one student to show his problems in learning English, and the other students in class give him some advice. 2. Ask students to practice the target language in pairs. One student shows the problems and the other gives advice. Ask students to act out. Elicit and give helpful feedback on their performances by pointing out what are good and what, if anything could be improved	Show their problems and give advice	1. Provide real situation for oral practice, using the target language. 2. Provide a better chance for the students to exchange ideas on how to learn English well. 3. Help and learn from one another
Reading 3a (10 min)		
While Reading: 1st reading: Ask students to read and tell the purpose of writing this passage. 2nd reading: Ask students to read and find out the writer's problems in learning English last year and his solutions	Read, think and answer the questions	1. Provide reading using the target language. 2. Get students to practice the reading strategies for getting the specific information and general idea

Teacher's Activity	Student's Activity	Purpose
Post Reading: 1. Ask students to think about the result of the writer's solutions and add an ending to the reading passage. 2. Ask students to think about what they can learn from the writer	1. Write the ending. 2. Answer what they can learn from the writer	Get students to practice the reading and writing strategies
Additional Reading (5 min)		
Ask students to read a passage about how to give their English a boost. Ask students to… 1. Get the writer's purpose of writing this passage. 2. Find out how many suggestions of learning English have been mentioned. 3. Think about which suggestion impressed them most and the reasons. 4. Underline the beautiful sentences they think they can use in their writing passage when they are asked to give advice on how to learn English well	Read, think and answer	1. Provide reading practice to help students get more ideas about giving advice on how to learn English. 2. Get students to practice the reading strategies to get the specific information and general idea. 3. Provide oral practice to help students to think and voice their opinions on how they can learn English well
Writing Task (8 min)		
1. Ask students to read a reply to a problem letter. 2. Ask students to write a reply to give some advice, using the target language. 3. Ask students to correct the writing passage in pairs. 4. Ask students to read the writing passage. 5. Elicit and give helpful feedback on their performances by pointing out what are good and what, if anything could be improved	Read, think and write	Provide reading and writing practice, using the target language to get the students to involve in the "real world" practice actively
Homework		
Ask the students to design a poster with their partners on how to learn English well then put it up on the school bulletin board	Make a poster	Provide a chance for the students to exchange ideas and find out better ways to learn English together

二、板书设计

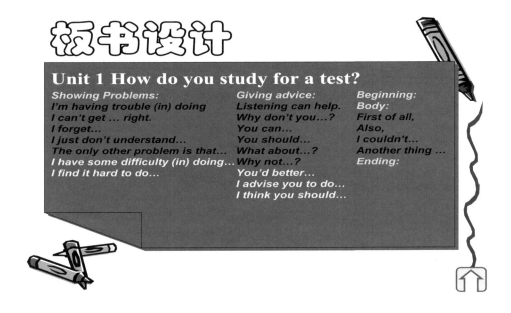

三、幻灯片

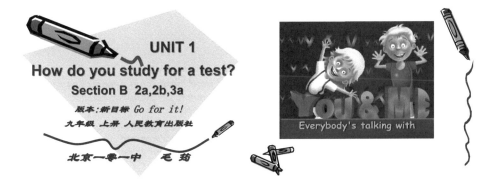

Everybody is talking with you and me in English.
Everybody is singing with you and me in English.
We are happy to be together.
And we are happy to see another show!
Come on! Let's go together you and me!

Learn <u>the words, and sentences, and conversations</u>, too.
You can talk to me today and I can talk to you.

Listening 2a, 2b

1. **Before listening:**
Look at the picture in 2a.
What can you see in the picture?
What are they talking about?

2. **While listening:**
1st Listening: Listen and check the learning challenges Paul talks about.

Challenges
1. _✓_ can't get the pronunciation right
2. _✓_ forget a lot of new words
3. _✓_ can't always understand when people talk to me
4. ____ can't understand the words in magazines
5. _✓_ don't get much writing practice

2nd Listening:
(1) Listen and match the challenges in 2a with the solutions.
(2) Check the answer in pairs.

Solutions
a. _2_ You can always write the new words in your notebook and study them at home.
b. _5_ You should find a pen pal.
c. _1_ Listening can help.
d. _3_ Why don't you join an English language club to practice speaking English?

What's the passage mainly about?

3. **Post Listening:**
(1) Read the dialogue after the speaker and imitate the pronunciation and intonation.
(2) Then <u>underline</u> the sentences about showing problems and (circle) the sentences about giving advice.

3. **Post Listening:**
(1) Read the dialogue after the speaker and imitate the pronunciation and intonation.
(2) Then <u>underline</u> the sentences about showing problems and (circle) the sentences about giving advice.

On Your Own:
1. One student shows the problem in learning English and the other students give advice.
   A: I can't / find it hard to …
   What should I do?
   B: You'd better / You should...
   A: Thank you. I'll have a try.
   (That's a good idea. /That might really help.)

2. Pair Work:
One student shows the problem;
The other gives advice.

Do you think your partner's advice will work?
Maybe you can have a try.

Reading 3a
1st Reading:
What's the passage mainly about?

2nd Reading:
What were the writer's problems?

Problems:
* First of all, it wasn't easy for him…
* Also, he was afraid to speak in class, because….
  He couldn't always make …
* Another thing that he found very difficult was English grammar.

* And how did he solve the problems?

Solutions:
* He realized that it doesn't matter …
* Then he … watch English-language TV.
* So he decided to take …
  Then he started to write …

Post Reading:
1. What's the result of his ways of learning English?
   Can you add an ending?
2. What can you learn from the writer?
   The writer didn't give up.

Additional Reading

1. What's the writer's purpose of writing this passage?
2. How many ways of learning English are talked about? What are they?
3. What sentences impressed you most? Underline them.

Whoever you are, wherever you live, your English can improve. And with regular study and practice, it will.

Method will teach you to win time.
方法可教会你赢得时间。

Writing task:

- Write a letter to Hopeless.
- Ask your partner to read your letter to see if the suggestions will help Hopeless.
- Read the letter.

Dear Expert,
I am a boy in Junior 2. I am good at math, but my English is really poor. You know, I have learned English for more than 2 years. But I still can't understand what the teacher says in class. I just want to sleep in class. Also I am afraid of talking with my classmates in English. What's more? I can't read fast. The final exam is drawing near. I'm stressed out and I have a lot of headaches. What should I do? Can you help me? Perhaps boys can't learn English well. Do you think I can catch up with others?
 Yours,

Hopeless

Homework:

Design a poster with your partner on how to learn English well then put it up on the school bulletin board.

POSTER

Suggestions: Poem:

Learn a new language and get a new soul. 学习一种新知识,得到一种新精神。

Give me 10
In this wonderful world,
There are many things to do,
Making good friends
Will open doors for you.
When you meet a friend,
Here's what to say,
Let's talk in English,
10 minutes every day,
Give me 10.

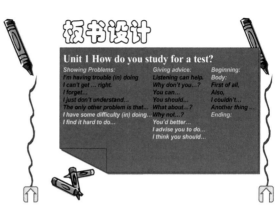

四、Student textbook

Book 5 Unit 1 Section B

Listening 2a, 2b:

2a: Paul is learning English. Listen and check the learning challenges he talks about.

Challenges

1. _____ can't get the pronunciation right.
2. _____ forget a lot of new words.
3. _____ can't always understand when people talk to me.
4. _____ can't understand the words in magazines.
5. _____ don't get much writing practice.

2b: Listen again. Match the challenges in 2a with the solutions.

1. _____ You can always write the new words in your notebook and study them at home.
2. _____ You should find a pen pal.
3. _____ Listening can help.
4. _____ Why don't you join an English language club to practice speaking English?

Listening material 2a, 2b:

Ms. Mitchell: You look worried, Paul.

Paul: I am, Ms. Mitchell. I'm having trouble learning English.

Ms. Mitchell: You said you liked English. What's the problem?

Paul: I can't get the pronunciation right.

Ms. Mitchell: Well, listening can help. Why don't you borrow the teacher's tapes? You can listen to them at home and repeat the sentences that are difficult for you.

Paul: That's a good idea. But what about all the new words? I forget a lot of new words.

Ms. Mitchell: You can always write the new words in your notebook and study them at home. You can even study in the train on the way to school.

Paul: That might really help! Thanks.

Ms. Mitchell: Can you understand when people talk to you?

Paul: Well, no. Not always. Sometimes I just don't understand what people are saying.

Ms. Mitchell: Why don't you join an English language club to practice speaking English? The English club meets after school on Tuesdays and Thursdays.

Paul: Maybe I'll go. The only other problem I have is that I don't get much writing practice.

Ms. Mitchell: Maybe you should find a pen pal.

Paul: That sounds like a fun way to practice writing. Thanks, Ms Mitchell.

3a Reading:

How I learned to learn English

Last year my English class was difficult. First of all, it wasn't easy for me to understand the teacher when she talked. To begin with, she spoke too quickly, and I couldn't understand every word. Later on, I realized that it doesn't matter if you don't understand every word. I was also afraid to speak in class, because I thought my classmates might laugh at me. I couldn't always make complete sentences, either. Then I started to watch English–language TV. It helped a lot. I think that doing lots of listening practice is one of the secrets of becoming a good language learner. Another thing that I found very difficult was English grammar. So I decided to take lots of grammar notes in every class. Then I started to write my own original sentences using the grammar I was learning. It's amazing how much this helped. Now I am enjoying learning English and I got an A this term. My teacher is very impressed.

五、学案

1. Flash（歌词）

Everybody is talking with you and me in English.
Everybody is singing with you and me in English.
We are happy to be together.
And we are happy to see another show!
Come on! Let's go together you and me!
Learn the words, and sentences, and conversations, too.
You can talk to me today and I can talk to you.
Everybody is talking with you and me in English.
Everybody is singing with you and me in English.
We are happy to be together.
And we are happy to see another show!
Come on! Let's go together you and me!

2. Additional Reading（补充阅读）

Success in Learning English
——How to make your English the best it can be

English teachers in Asia hear one question again and again: "How can I improve my English?" Interestingly, those asking often have pretty good English already. Are you one of those wanting better English skills? Here are some ways to give your English a great boost(提高).

Practice very often: There's no easy way to learn a second language. No matter how smart or gifted you are, you need to work at it. The best way is to spend time on English every day. Just as regular exercise makes you stronger, regular practice will strengthen your English.

Read often: This is something every English learner can and should do. Reading in English enriches your vocabulary. It teaches you correct grammar, structure and usage. The more you read, the better your English will become.

How much should you read in English? Read as much as you possibly can. Carry an English book or magazine with you wherever you go. Read on the bus, in the taxi, at lunchtime. And, of course, read at home. You can make it fun. Read about things that you enjoy or are interested in.

Follow good speech examples: To develop natural-sounding English, you must imitate this easy to do. Tune in to programs, like Studio Classroom, in which good English is spoken. Listen carefully, and repeat what you hear.

Find chances to speak in English: To become a fluent(流利的) speaker of English, use what you know. Find others to talk with in English. Remember your conversation partners don't need to be native speakers. Practice with them regularly. Have a regular "English lunch" with classmates or coworkers.

Use your computer: If you haven't discovered English-teaching software and Web sites, you need to. These tools can make your English study interesting and successful Some even make it fun!

Never give up: You might feel frustrated at times. Perhaps you have difficulty remembering new vocabulary. Or maybe your busy schedule leaves you too little time for studying English. Don't let such difficulties stop you from trying. Just do your best. Whoever you are, wherever you live, your English can improve. And with regular study and practice, it will.

3. Writing Task（写作）

Ask for help:

Dear Expert,

I am a boy in Junior 2. I am good at math, but my English is really poor. You know, I have learned English for more than 2 years. But I still can't understand what the teacher says in class. I just want to sleep in the English class. I am afraid of talking with my classmates in English. Also I can't read fast. The final exam is drawing near. I'm stressed out and I have a lot of headaches. What should I do? Can you help me?

Perhaps boys can't learn English well. Do you think I can catch up with others?

Yours,

Hopeless

****

Suggestions:

Dear Hopeless,

_____
_____
_____
_____
_____

_____

_____

_____

_____

    Yours,

                    Expert

参考书目

[1] James McKernan. 课程行动研究 [M]. 朱细文，等译. 北京：北京师范大学出版社，2004.

[2] 蔡明德. 论英语阅读教学对写作的影响及教学启示 [D]. 武汉：华中师范大学，2003.

[3] 曹曲玲. 大学英语写作教学再思考 [J]. 中山大学学报论丛，2001（2）：121－124.

[4] 陈立平. 从阅读与写作的关系看写作教学中的范文教学 [J]. 外语与外语教学，2001（4）：28－29.

[5] 管琳. 谈"读写交融法"与英语写作技能训练 [J]. 研究生教育研究，1999（1）：35.

[6] 谢薇娜. 谈阅读与写作的交融性 [J]. 外语教学，1994（4）：50－52.

[7] 鲁子问. 学习方案教学理论与实践 [M]. 北京：现代教育出版社，2010.

附录二

48个英语音标表（DJ 音标 IPA88 新版）

元音	单元音	前元音	[iː]	[ɪ]	[e]	[æ]	
		中元音	[ʌ]	[ɜː]	[ə]		
		后元音	[uː]	[ʊ]	[ɔː]	[ɒ]	[ɑː]
	双元音	开合双元音	[eɪ]	[aɪ]	[ɔɪ]	[əʊ]	[aʊ]
		集中双元音	[ɪə]	[eə]	[ʊə]		
辅音	爆破音	清辅音	[p]	[t]	[k]		
		浊辅音	[b]	[d]	[g]		
	摩擦音	清辅音	[f]	[s]	[ʃ]	[θ]	[h]
		浊辅音	[v]	[z]	[ʒ]	[ð]	
	破擦音	清辅音	[tʃ]	[tr]	[ts]		
		浊辅音	[dʒ]	[dr]	[dz]		
	鼻音	（浊辅音）	[m]	[n]	[ŋ]		
	舌侧音	（浊辅音）	[l]	[r]			
	半元音	（浊辅音）	[w]	[j]			